사물인터넷

모든 것이 연결되는 세상

사물인터넷

Internet of Things

매일경제 IoT 혁명 프로젝트팀 지음

매일경제신문사

발간사

영국의 데이비드 캐머런 총리와 독일의 앙겔라 메르켈 총리가 2014년 3월 독일 하노버에서 유럽을 하나의 디지털 세상으로 만들자고 합의했다. 세계 최대 정보통신 박람회 '세빗(CeBIT) 2014'에서 만난 두 정상은 현재 4세대 망보다 1,000배 빠른 5세대 이동통신 기술을 연구하고 사물인터넷(IoT, Internet of Things)에 공동 투자하기로 했다. 두 정상은 또 유럽을 로밍수수료가 없는 로밍 프리 지역으로 만들 것을 약속했다. 재정위기를 겪고 있는 유럽이 IoT를 통한 디지털 세상에서 새로운 미래를 찾겠다고 선언한 것이다.

PC와 스마트폰뿐 아니라 '이 세상 모든 것들이 인터넷에 연결되는 새로운 디지털 시대'의 잠재력을 깨달은 독일과 영국은 국가 차원의 IoT 전략을 세워 한 발 앞서 추진하고 있다. 세계 최고 수준의 제조업 경쟁력을 가진 독일은 IoT와 제조업을 결합한 스마트 공장으로 제조업 생산성을 지금보다 30% 이상 높이겠다는 목표를 세웠다. 영국은 창조산업을 육성하는 '브리티시 이노베이션 게이트웨이(BIG)'를 통해 서비스 강국 영국에 새로운 혁신을 불어넣으려는 계획을 수립했다.

기업들도 이미 발 빠르게 IoT 시대를 대비하고 있다. 2014년 초 구글은 한때 휴대폰의 상징이었던 모토롤라 휴대폰사업부를 중국에 내다팔고, 대신 네스트라는 조그마한 벤처기업을 32억 달러(3조 3,600억 원)에 사들였다. 모토롤라 휴대폰사업부보다 비싸게 사들인 이 벤처기업을 통해 구글은 스마트 홈 시대를 주도하겠다는 야심을 드러내고 있다. 직원 수가 불과 300명밖에 안 되는 네스트의 가능성을 그만큼 높게 본 것이다. 구글뿐 아니라 IBM, 시스코, 애플, 퀄컴, GE와 같은 글로벌 기업들도 하나같이 IoT 시대를 주도하기 위한 전략을 속속 내놓고 있다.

글로벌 기업들의 이 같은 움직임은 한국에도 적지 않은 시사점을 안겨주고 있다. 한국의 대표기업 삼성전자는 2013년 30조 원이 넘는 순이익을 냈지만 새로운 성장동력을 찾아야 한다는 위기감이 감돌고 있다. 스마트폰으로 과거와 같은 고부가가치를 얻어내기 힘든 시대에 접어들고 있다는 전망이 나오고 있기 때문이다.

실제로 스마트폰은 중국업체들이 하나 둘씩 시장에 진입하면서 PC처럼 저부가가치산업으로 전락할 시기가 멀지 않았다는 전망이 제기되고 있다. 세계 최대 시장인 중국 스마트폰 시장에서 중국 기업의 점유율은 65%에 이른다.

한국은 경제가 어려울 때마다 정보기술(IT)산업이 새로운 모멘텀을 제공해 활력을 불어넣었다. 1997년 외환위기 직후엔 닷컴 붐을 타고 PC와 반도체가 수출을 이끌었고, 이후엔 디스플레이, 스마트폰이 바통을 이어받았다. 한국이 IT를 잘해내는 DNA를 갖고 있다는 얘기다.

스마트폰 이후 새로운 성장동력이 필요한 시점에 매경미디어그룹이 제23차 국민보고대회 주제로 '디지털 원 코리아 - IoT혁명'을 꺼내든 것도 바로 이 때문이다. IoT를 통해 한국 산업은 생산성을 30% 이상 높일 수 있는 혁신을 이룰 수 있고, 스마트폰 이후 새로운 IT 먹거리를 찾아낼 수 있다.

미국이 인터넷 시대를 잘 활용한 덕분에 1995년 이전 연평균 1.6% 수준에 머물렀던 경제성장률을 연평균 3.1%(1996~2004년)까지 높였던 것처럼, 잠재성장률이 하락하고 있는 한국 경제에 IoT는 새로운 동력을 가져다 줄 것이다.

IoT는 단순한 기술이나 경제의 진보를 넘어선다. 《한계비용 제로사회》의 저자인 제레미 리프킨은 "자본주의는 IoT라는 혁명적인 플랫폼을 통해 미래 공유사회로 나아가고 있다"고 내다봤다. IoT가 기술진보를 넘어서 새로운 시대를 여는 거대한 변혁의 물결이 되고 있다는 의미다. IoT를 단순한 기술 변화로 보는 것은 단견이다.

매경미디어그룹은 1997년부터 매년 신문 창간일에 맞춰 국민보고대회를 열고 한국 경제에 새로운 화두를 던져왔다. '비전코리아 국민보고대회'는 한국의 미래를 밝히는 국가 경영 컨설팅 프로젝트로, 2014년까지 총 23차례에 걸쳐 비전을 제시했다.

기업하기 좋은 나라, 금융강국, 스마트코리아, 아그리젠토 코리아, 컬러풀 아프리카, 한류본색, 도시선언 등 매경미디어그룹이 던진 다양한 화두는 정부 정책에 반영돼 한국 경제를 한 단계 업그레이드하는 데 크게 기여했다.

매경미디어그룹이 2014년 던진 화두 '디지털 원 코리아 - IoT 혁명'을 통해 정부와 기업 모두 새로운 전략을 수립하고 액션플랜을 추진해 나가길 바란다. 이 책에 제시한 액션플랜이 구체적으로 실천돼 한국 경제가 저성장을 벗어나 다시 한 번 도약하는 계기가 되도록 매경미디어그룹도 함께 노력해 나갈 것을 약속드린다.

매경미디어그룹 회장

장대환

"스마트폰은 곧 범용제품이 될 것이다. 고부가가치를 내건 스마트폰이 PC처럼 저부가가치 IT 기기가 될 날이 멀지 않았다. 서둘러 새로운 성장엔진을 찾아내지 못하면 한국 산업과 경제는 큰 충격을 받게 될 것이다."

2013년 말 제23차 국민보고대회를 위한 비전코리아 프로젝트팀이 꾸려졌다. 주제는 사물인터넷(IoT). 한국 산업의 새로운 모멘텀을 가져올 성장엔진을 제시한다는 목표 아래 매일경제신문은 MBN, 베인앤컴퍼니와 프로젝트에 돌입했다.

IoT는 초기 프로젝트팀에 두 가지 고민을 안겼다.

과연 이 주제를 모든 사람이 이해할 수 있을 정도로 쉬운 언어로 전달하는 것이 가능할 것인가. 또 하나는 이보다 더 어려운 근본적인 질문에 답하는 것이었다. 과연 이 주제를 기술적이고, 산업적인 접근이 아닌 한국 경제와 한국 사회에 던질 만한 화두로 만들어낼 수 있을 것인가. IoT는 단순한 기술산업 변화가 아니라 삶과 사회 변화를 가져올 혁명적인 트렌드였기 때문이다.

프로젝트팀이 두 가지 화두에 대한 답을 제대로 마련했는지는 전적으로 독자의 판단에 달려 있다. 다만 적어도 프로젝트를 진행하면서 IoT가 프로젝트팀이 초기에 생각했던 것보다도 훨씬 더 광범위한 영역에 걸쳐 우리 삶과 사회와 경제를 바꿔놓을 혁명이라는 데에는 이견이 없었다.

프로젝트팀은 IoT의 실체를 찾기 위해 대기업 CEO와 임직원, 벤처기업인, 대학교수, 미래학자와 사회학자, 광고인에 이르기까지 다양한 분야의 전문가들을 두루 만났다. 설령 IoT라는 용어를 모르고 있더라도 '모든 것이 연결되는 초연결 시대가 오면 이 세상에 어떤 모습이 펼쳐질지'에 대해 쉽게 알 수 있도록 전문가들의 고견을 청취했다.

중소기업과 중견기업 CEO 300명을 대상으로 전화면접을 통해 IoT에 대한 인식조사도 벌였다.

이들에게 IoT는 과연 우리 산업과 경제에 무슨 의미를 던져줄 것이며, 향후 우리가 어떤 대비를 해야 할 지에 관해 구체적인 의견을 물었다.

상당히 많은 의견이 나왔다. IoT가 그저 그런 기술 가운데 하나라는 의견도 있었다. 다양한 기술 중 하나일 뿐, 향후 그다지 큰 주목을 받지 못할 것이라는 비관론도 있었다. 하지만 IoT는 결국 파괴적인 기술이 될 것이라는 데 의견이 모아졌다. IoT를 기술 진보의 하나로 보지 않고, 이 세상 모든 것들이 연결된 이후 벌어질 삶의 변화로 봐야 실체가 보일 것이라는 조언이 이어졌다.

이런 관점에서 보자면 한국에는 상당한 경각심을 안겨줬다. 프로젝트팀이 기업인 300명을 대상으로 설문을 벌인 결과 절반 이상이 IoT라는 단어를 들어본 적이 없다고 했다. 설령 들어본 기업인들이라고 하더라도 실제 사업에 적용을 검토해 본 곳은 10곳 가운데 2곳에 불과했다.

구체적으로 한국의 현주소를 알아보기 위해 분석한 IoT 혁신지수에서도 한국은 중국과 경제협력개발기구(OECD) 35개국 중에서 20위에 그쳤다. 1위를 차지한 스웨덴, 10위권 이내의 선두권에서 이미 전략을 세워 본격적으로 IoT를 추진 중인 독일 및 영국과 비교하면 상당히 뒤쳐져 있다는 사실을 발견했다.

IoT 혁신역량을 분석한 5개 부문 가운데 한국의 ICT 경쟁력은 4위로 대단히 높게 나왔다. IoT의 출발이 정보기술이라는 점을

제23차 국민보고대회에 참석한 오피니언 리더들이 발표를 경청하고 있다.

감안하면 한국은 분명 유리한 입장에 서 있다. 하지만 IoT가 단순 기술적, 산업적 변혁이 아닌 사회 전체를 바꿔나가는 메가트렌드라는 점을 감안하면 규제 환경과 창의성, 그리고 이를 성장시켜 나갈 수 있는 환경이 대단히 중요하다. 아쉽게도 이 부분에서 한국은 만족할 만한 점수를 얻지 못했다.

프로젝트팀은 한국이 약한 세 분야 즉 창조, 규제, 성장 부문을 키우는 것이 IoT 시대를 앞서가는 지름길이라고 보고 디지털 원(O-N-E) 전략을 수립했다. 창조기반을 넓히기 위한 '오픈 이노베이션(Open innovation)', 정부 경쟁력을 높이기 위한 '네비

게이터(Navigator)', 성장사다리를 높이기 위한 '아이투글로벌(Eye2Global)'의 첫 자를 따서 'O-N-E'를 전략으로 삼았다. 물론 IoT가 가져오는 디지털 시대에 넘버 원이 되자는 뜻도 함축적으로 담겨 있다.

한국의 각 산업은 IoT를 통해 생산성을 30% 이상 높일 수 있다는 것이 프로젝트팀의 분석이었다. IoT가 향후 10년 내에 19조 달러(시스코 분석)에 이르는 부가가치를 가져올 것이라는 것은 이미 주지의 사실이다. 무엇보다 프로젝트팀은 IoT가 한국이 안고 있는 일자리, 내수, 서비스업, 규제 등 4가지 난제에 빅뱅을 가져올 것이라고 믿었다. 4대 빅뱅을 통해 1인당 국민소득 4만 달러 국가 시대를 앞당기는 계기가 될 것이라는 믿음이다.

매경미디어그룹은 박근혜 정부 정책에 참고하도록 〈창조경제 한국경제보고서〉라는 제목으로 현오석 경제부총리에 보고서를 전달했다. 이 보고서에는 2014년 3월 20일 발표된 내용 외에 그동안 디지털 원 코리아 프로젝트팀이 연구한 상세한 자료들을 부록으로 함께 담았다. 프로젝트팀은 또 IoT로 더욱 중요해지고 있는 인터넷 거버넌스에 대한 윤리강령을 처음으로 제정해 발표했다.

제23차 국민보고대회가 끝난 이후 정부와 기업 각계각층에서 보고서를 보내달라는 요청이 쇄도했다. 보고대회에 참석했던 정치인, 문화계 인사 등도 "기술산업 얘기인줄 알았던 IoT가 결국 사회와 삶을 바꾸는 커다란 변혁이라는 사실을 깨닫게 됐다"고 전해왔다.

프로젝트를 시작할 때만 해도 IoT가 무슨 뜻이냐고 묻는 이들이 적지 않았다. 하지만 불과 3개월이 지난 지금, IoT는 마치 일반명사처럼 흔하게 사용되고 있다. 세상은 우리가 생각하는 것보다 훨씬 더 빠르게 연결되고, 빠르게 변하고 있다. 이 책이 창조경제의 구체적인 모습을 제시하고, 한국이 IoT 시대를 앞서나가는 데 필요한 디딤돌이 되길 바란다.

매일경제 IoT 혁명 프로젝트팀

CONTENTS

:: Part 4. 디지털 원 코리아, 한국의 미래

프롤로그

DIGITAL ONE KOREA

마이너리티 리포트 현실이 되다

'2054년 미국 수도 워싱턴D.C. 정부는 범죄가 발생하기 전에 미리 예측해 범죄자를 체포하는 신개념 시스템 프리크라임을 가동한다. 존 앤더튼(톰 크루즈 역)은 프리크라임의 핵심요원이다. 프리크라임이 예견하는 범죄 장면을 통해 범인을 체포하는 요원인 존 앤더튼은 어느 날 미래 범죄예측 장면에서 자신이 누군가를 살해하는 장면을 보게 된다. 존 앤더튼은 이제 프리크라임 시스템에 의해 쫓기는 신세가 된다.'

2002년 개봉한 영화 〈마이너리티 리포트〉의 줄거리 중 일부다. 2054년을 배경으로 한 이 영화는 미래 도시와 삶을 세밀하게 묘사한 장면이 많아 주목 받았다. 내용 중 주인공인 존 앤더튼이 쇼핑몰에 들어서는 장면이 나온다. 그러자 주변의 광고들이 그에게 말을 걸어온다. 쫓기는 신세가 된 존 앤더튼의 신상정보뿐 아니라 심리상태까지 파악해 그에게 적합한 조언을 한다.

도요타의 프리미엄차인 렉서스 광고는 그를 알아보고 "존 앤더튼 씨"라며 말을 건다. 세계적으로 인기를 얻고 있는 맥주 기네스는 "존 앤더튼 씨, 맥주가 필요한 것 같군요"라며 한 잔 할 것을 권한다. 또 아메리칸익스프레스카드는 "고민을 잊고 떠나라"고 조언한다.

주인공은 스마트폰 대신 손목에 찬 시계를 통해 통신을 한다. 온몸에 부착된 웨어러블 기기들은 주변기기들과 통신을 한다. 알아서 목적지까지 도착하는 무인자동차 시스템에 의해 교통 혁명이 일어난다.

이 영화는 2002년에 개봉했는데, 감독인 스티븐 스필버그는 이보다 3년 전인 1999년부터 영화의 시나리오 작업을 시작했다. 그는 각 분야의 전문가 10여 명을 미 서부 캘리포니아주 산타모니카의 한 호텔에 초청해 2054년에 어떤 세상이 오게 될 것인지에 대해 토론하도록 요청했다. 전문가들은 미래 세상을 예측한 보고서를 작성했고 도요타, 노키아 등의 기업들은 미래 자동차와 휴대폰을 연구해 영화 속에 기술들을 녹여냈다.

공교롭게도 1999년 미국 동부의 메사추세츠공대(MIT)에서는 〈마이너리티 리포트〉에서 묘사된 세상이 멀지 않았다는 생각을 갖고, 미리 대비할 필요가 있다는 논의가 시작됐다. 단초를 제공한 것은 글로벌 기업인 P&G에서 브랜드 매니저를 하고 있던 케빈 애쉬튼이라는 사람이었다. 그는 통신 기술이 크게 변화하고 있다는 점에 주목하고 미래의 삶을 바꿀 큰 기술이 도래할 것이라고 판단했다.

“모든 사물에 컴퓨터가 있어 우리 도움 없이 스스로 알아가고 판단한다면 고장, 교체, 유통기한 등에 대해 고민하지 않아도 될 것이다. 바로 이런 사물인터넷(Internet of Things)은 인터넷이 했던 것 그 이상으로 세상을 바꿀 것이다”

요즘 화두가 되고 있는 사물인터넷, 즉 IoT라는 용어가 처음 세상에 나온 것은 바로 이 때다. 캐빈 애쉬튼은 모든 것이 인터넷에 연결됐을 때 세상에 큰 변화가 올 것이라는 것을 직감하고 MIT 교수와 함께 ‘Auto-ID 센터’를 설립해 관련 연구를 시작했다.

모든 것이 인터넷에 연결되는 IoT 시대, 우리 삶은 다양한 방식으로 바뀌게 된다. 서서히 바뀌지만 이전과는 전혀 다른 모습을 보이게 될 것이다. 지금부터는 IoT가 세상 속에 서서히 파고들면서 어떤 변화를 겪게 될 것인지 다가오고 있는 미래의 모습을 하나 둘씩 살펴보도록 하자.

먼저 아빠의 출근 모습이다. 아침에 일어나자마자 부리나케 옷을 입고, 아침도 챙겨먹지 못하고, 자동차 키를 들고 뛰는 모습은 사라진다. 아침에 일어나면 침대에 붙은 센서가 아빠가 일어났다는 사실을 알고, 커피머신에 카푸치노를 주문한다. 특별한 일이 없으면 평소 아빠가 즐겨 마시는 카푸치노를 기기들이 알아서 준비한다.

샤워를 하고 카푸치노와 함께 아침식사를 마칠 때쯤 되자 스마트폰이 주차장에 있는 자동차에 시동을 건다. 자동차는 바깥 온도를 감안해 가장 적합한 온도로 차 안 온도를 설정한다. 자동차를 타고 올림픽대로에 접어들자 무인주행이 시작된다. 자동차에 내장돼 있는 센서들이 앞, 뒤, 옆에 있는 차들과 무선으로 통신을 하며 규정 속도를 지켜 운전한다. 사고가 났을 경우 사전에 자동차들이 노선을 변경하며 지체가 되는 시간을 최소화한다.

회사에 도착한 후 잠시 일을 보고, 고객과의 미팅을 위해 시내로 나섰다. 회의 장소 부근에 도착하자 자동차가 주변 주차장 정보를 모두 검색해 빈 주차구역을 찾아낸다. 빈 주차구역에 자동차를 세우고, 곧장 미팅장소로 간다.

아빠의 출근 모습을 꾸며본 것인데, 어떤 장면은 이미 마음만 먹으면 구현이 가능하고 어떤 장면은 기술과 법적인 문제가 모두 풀려야 가능하다. 예를 들어 시내의 모든 주차장 정보를 검색해 최적의 주차장소를 찾아주는 서비스는 이미 미국 LA, 영국 맨체스터 등 일부 시에서 부분적으로 시행하고 있는 서비스다. 공영 주차장의 주차공간에 전부 센서를 심어 비어 있는 주차장 정보를 통합·관리해 시민들에게 서비스해주는 방식이다.

이 기술을 도입하면 시민들도 빈 주차장을 찾아 시내를 빙빙 돌 필요가 없어 편하지만 국가차원에서도 상당한 효용을 얻게 된다. 자동차의 에너지 비용을 줄일 수 있고, 주차장을 최대한 활용할 수 있으니 시당국 입장에서는 주차료 수입을 늘릴 수 있는 장점이 있다.

기계와 기계들이 서로 통신을 하는 모습은 최근 들어 가장 활발하게 기술 개발과 진보가 이뤄지고 있는 분야다. 스마트 홈 분야에서는 냉장고, TV 등 기존 가전제품뿐 아니라 숟가락, 침대 등에 이르기까지 집안에 있는 거의 모든 것들에 센서를 붙여 습관을 인식하는 기술이 선보이고 있다.

하지만 아직은 일차원적인 방식이다. 사물들이 통신을 하려면 집안에 허브 역할을 하는 중앙컴퓨터가 있어야 하는데, 아직 스마트 홈을 전반적으로 통제하는 시스템까지 오지는 않았다. 구글이 네스트라는 무선인터넷 온도조절기와 화재경보기를 만드는 회사를 인수한 이유가 바로 스마트 홈을 통제하는 메인 허브로 네스트를 사용하기 위한 것이라는 전망이 나오고 있다. 머지않은 미래에 손가락 하나 까딱하지 않아도 집안의 모든 사물들이 주인을 위해 자동으로 움직이는 시대가 올 것으로 예상되는 이유다.

사람이 운전을 하지 않아도 자동차가 스스로 움직이는 시대는 여전히 꿈처럼 들릴 것이다. 물론 완벽하게 사람의 역할이 없어져, 차 안에서 운전을 하지 않고 신문을 읽거나 엔터테인먼트를 즐기는 시대가 올 수 있을 것이다. 하지만 이 때까지 넘어야 할 산들이 많다.

다만 무인차 시대를 예고하는 일들이 하나 둘씩 나타나고 있다는 점은 눈여겨봐야 한다. 예를 들어 2014년 초에 미국 정부는 자동차 간 통신 시스템인 'V2V'를 조만간 상용화하겠다고 발표했다. 지금까지 시험테스트를 거친 결과 V2V를 시행하기에 충분한 조건을 갖췄다고 본 것이다.

이는 자동차마다 센서를 달아 자동차끼리 통신을 하는 것으로, 무인차 시대의 아주 초보적인 형태를 의미한다. 자동차들이 통신을 하면 일정간격을 유지하게 돼 사고 위험성을 줄이고, 도로에 사고가 발생했을 경우 미리 경고해줘 원활한 교통흐름이 이어지도록 한다. 미국 정부가 V2V를 상용화하겠다고 밝힌 것은 무인차 시대가 영화 속 장면이 아니라 곧 우리 생활 속을 파고들게 될 것이라는 사실을 보여주고 있는 사례다.

IoT 시대에는 엄마의 장보는 모습도 완전히 달라진다. 지금은 장을 봐야 할 품목들을 모두 적어놓고, 하나씩 마트에 가서 사 담아야 한다. 하지만 앞으로는 장 봐야 할 목록을 적을 필요가 없다.

| 아빠 출근, 엄마 장보기 |

아빠의 출근	엄마의 장보기
침대에서 사무실까지 OK	**냉장고 "달걀 필요해요"**
• 06:00 침대에서 기상 침대, 커피 머신에 카푸치노 주문	• 월요일 달걀 우유 부족 냉장고, 가상 장바구니에 통보
• 07:00 아침식사 스마트폰, 차 시동-적정온도설정	• 수요일 화장품 1주일 남음 화장품뚜껑, 가상장바구니에 통보
• 08:00 車 올림픽대로 진입 도로 센서 인식, 무인주행 시작	• 목요일 엄마 장보는 날 식탁서 3D 디지털숍 통해 주문
• 08:40 회사 인근 도착 빈 주차구역 자동안내	• 금요일 엄마 쇼핑하는 날 디지털거울 통해 색상도 확인

냉장고 안의 계란이 떨어질 때쯤, 냉장고가 가상의 장바구니에 계란을 담아둔다. 기초 화장품이 떨어지면 화장품 병이 남은 사용량을 체크해 역시 하나를 더 사도록 장바구니에 넣어둔다.

장바구니에는 이렇게 필요한 쇼핑 리스트가 모두 담기게 되고, 엄마는 식탁 위에서 3D 디지털 숍을 열어 즉석에서 주문을 한다. 화장품이나 옷처럼 직접 색상을 보거나 입어봐야 하는 품목은 어떻게 해야 할까. 디지털 거울을 통해 색상이나 의상을 직접 확인하는 것이 가능해진다.

IoT가 접목됐을 경우 가장 효율성을 높여주는 분야 가운데 하나는 바로 유통 업종이다. 쇼핑 현장에 갈 필요가 없을 만큼 완벽한 가상 쇼핑몰을 구현할 때까지는 상당한 시간이 필요하겠지만, 마트에 IoT를 접목해 효율성을 높일 수 있는 방법은 다양하게 테스트되고 있다.

냉장고에 필요한 물품이 떨어졌을 경우 이를 자동으로 통보하는 다양한 형태의 보관함은 이미 하나 둘씩 나오고 있다. 마트에 갔을 때 가장 힘든 것 중 하나는 필요한 물품이 그 넓은 마트 어디에 놓여 있는지 찾는 것이다. 수많은 물품에 센서가 부착되고, 카트의 모니터와 이를 연결하면 고객이 찾는 물건이 어디에 있는지 카트가 자동으로 알려주는 시스템이 도입될 것이다. IoT를 통한 위치정보시스템은 쇼핑몰뿐 아니라 구급차 등 다양한 형태에 도입돼 삶의 방식을 완전히 바꿔놓을 것이다.

IoT로 인한 교육현장 변화도 눈여겨볼 만하다. 학교현장의 첫 번째 변화는 칠판과 책상이 모두 디지털 디스플레이로 변한다는 것이다.

디지털 책상을 통해 선생님이 숙제 검사를 하고, 디지털 칠판에 문제를 내면 학생들이 바로바로 답을 써내 정답과 오답을 체크한다. 정답을 맞힌 학생이 디지털 펜으로 문제를 풀어낸 과정을 모든 학생들에게 설명하며 자연스럽게 수업이 진행된다. 발표된 내용은 모두 영상으로 저장돼 학부모의 이메일에 보내진다. 학생들은 이 영상 메일을 통해 수업 내용을 복습할 수 있게 된다.

또 하나의 놀라운 변화는 헬스케어, 즉 건강과 관련된 분야에서 벌어진다. 많은 전문가들은 IoT 세상이 본격화되면 가장 먼저 이를 적용해 효율을 높일 수 있는 분야 중 하나로 헬스케어, 의료 시장을 꼽는다.

당뇨병을 가진 할아버지를 예로 들어보자. 당뇨병은 매일 시간에 맞춰 혈당을 체크하고, 약을 먹고, 의사의 진료를 적절하게

| 막내딸 수업, 할아버지 당뇨병 |

막내딸의 수업	할아버지의 당뇨병
책상도 교단도 인터넷에 접속	침대·약통이 실시간 주치의
• 선생님 숙제검사 디지털 책상, 숙제스캔	• 침대 적신호 자동포착 "일주일 수면이 불안정합니다"
• OX 체크 디지털 교단, 정답자 체크	• 스마트 약통 "약 복용시간을 넘겼습니다"
• 정답 학생 발표 디지털 펜으로 상세히 설명	• 신체 이식칩 "혈당 수치가 올라갔는데요"
• 발표내용 디지털 저장 학생과 엄마에 오디오메일 전송	• 주치의 스마트폰 침대(수면) 약통(투약) 칩(혈당)이 보낸 정보 토대로 진단내용 영상메일로 할아버지에 전송

받는 것이 중요하다. 앞으로는 당뇨병을 앓고 있는 할아버지의 생활 습관을 주변에 있는 사물들이 파악해 문제가 발생할 가능성이 있으면 적절한 치료 방법을 조언하게 된다. 침대는 할아버지의 수면 습관을 일일이 파악한다. 하루에 몇 시간을 자는지, 자는 동안 몸동작에 어떤 변화가 있는지를 따져보고, 수면이 불안할 경우 경고음을 보낸다.

약통도 플라스틱 약통에서 스마트 약통으로 바뀐다. 약통에 센서가 붙어 있어 제때 뚜껑을 열고 약을 복용하는지 체크한다. 약 복용시간을 넘겼을 경우 경고음을 보내 약을 제때 먹도록 돕는다.

가장 중요한 것은 혈당 체크다. 당뇨병 환자들은 매일 손에서 피를 뽑아, 혈당을 체크해야 한다. 하지만 할아버지는 이제 신체에 이식된 칩을 통해 실시간으로 혈당수치를 파악하게 된다. 주변의 모든 사물들이 할아버지를 위해 도우미 역할을 하고 있는 것이다.

이 모든 사물들이 보내오는 정보를 종합해 무언가 문제가 있다고 파악될 경우 담당 주치의에게 연락이 간다. 주치의는 지금까지 보내온 데이터를 분석해 할아버지에게 가장 적합한 치료방법을 조언하는 영상 이메일을 작성해 보내준다. 할아버지와 보호자는 주치의가 보내준 영상 이메일을 확인해 적절한 조치를 취할 수 있게 된다.

가정에서, 학교에서, 병원에서 모든 사물들이 인간을 위해 필요한 일들을 알아서 척척 하는 세상. 이런 세상은 소설이 아니라 현실에서 하나 둘씩 나타나고 있다.

장애인 소년의 독립적인 삶이 가능하도록 도와… IoT는 우리의 삶을 바꾸고 있다

IoT라는 용어를 처음으로 세상에 내놓은 케빈 애쉬튼은 현재 IoT와 관련된 사업을 하는 벨킨이라는 업체에서 스마트그리드 사업 등을 총괄하는 매니저를 맡고 있다. 그는 사물인터넷을 '살아 있는 인터넷'이라고 비유한다. 케빈 애쉬튼과 이메일로 인터뷰를 했다.

그는 "텔레비전 혁명이라는 말을 지금은 누구도 사용하지 않는다"며 "IoT 혁명도 그런 시대가 곧 오게 될 것"이라고 말했다. 그러면서 "IoT 혁명의 다음 단계는 데이터를 보다 훌륭하게 사용하는 것에서 시작될 것"이라고 말했다.

"현재는 데이터를 1차원적인 단계에서 사용하고 있다. 한두 개의 센서를 통해 취득하는 데이터를 어딘가에 있는 스크린을 통해 보는 것이다. 하지만 앞으로는 스크린 뒤에 엄청나게 많은 데이터가 존재하게 될 것이다. 물론 여전히 스크린은 지금처럼 단순한 모습을 비추게 된다. 하지만 지금과는 비교할 수 없을 정도로 복잡한 분석을 거치게 된다. 우리는 이제 추측이나 가정이 아니라, 실제 사실에 입각해 의사결정을 내리는 시대에 접어들게 될 것이다.”

1999년 IoT라는 용어를 처음 사용했을 때 그는 IoT 세상이 얼마나 빨리 다가오게 될 것이라고 예견했을까? 케빈 애쉬튼은 “휴대폰이나 무선인터넷처럼 어떤 것들은 눈앞에 와 있지만, 센서들이 (여러 사물에) 광범위하게 퍼지는 것 등은 여전히 뒤처져 있다”며 “하지만 전반적으로 진보는 놀랍고 흥미롭다”고 전했다.

IoT는 기술의 진보처럼 보이지만 결국 인간의 삶을 풍요롭게 하고 살찌우는 도구가 돼야 한다. 그는 IoT가 삶을 바꿔나가고 있는 현실을 이미 우리는 보고 있다고 강조했다.

“이전엔 내 아이들에게 ‘놀이방에서 나갈 때는 반드시 전원을 끄라’고 고함을 치곤 했지만 지금은 그럴 필요가 없다. 센서가 아이들이 놀이방에 없다는 사실을 알고 저절로 전등을 끄기 때문이다. 최근에 난 끔찍한 교통사고로 팔다리를 잃은 19살 소년에게 편지를 받았다. 그 소년은 아이패드를 통해 전등을 켜고 방안의 냉난방을 조절한다. IoT를 적용한 덕분이다. 그 소년이 IoT를 통해 독립적인 삶을 살게 됐다는 것을 의미한다. IoT는 그의 삶을 바꿨다”

| IoT란? |

모든 것들이 인터넷에 연결되는 시대를 의미하는 IoT(Internet of Things). 한국말로는 '사물인터넷'이라고 번역한다. 그런데 사물인터넷과 함께 많이 사용되는 용어가 있다. 바로 IoE(Internet of Everything)다. 우리말로는 '만물인터넷'이라고 번역할 수 있다.

두 단어의 차이는 무엇일까. 사물인터넷을 의미하는 'Internet of Things'는 조금 딱딱하고 개념적이다. 용어만 들으면 무슨 얘기인지 직감적으로 다가오지 않는 단점이 있다.

반면 'Internet of Everything'은 직감적으로 모든 것들이 인터넷에 연결된다는 것을 의미한다. 이 때문에 시스코를 필두로 몇몇 글로벌 기업들이 IoT라는 용어 대신 IoE라는 용어를 사용한다. 시스코는 IoT보다 진일보한 형태로 IoE의 개념을 설명하기도 한다.

한국말로 사물인터넷이나 만물인터넷이라는 말이 다소 어색하게 들리는 면이 있고, 새로운 시대를 대비한다는 의미가 제대로 반영되지 않고 있다는 지적도 나오는 것이 사실이다.

'Internet of Things'라는 용어가 초기 발생지인 미국 등에서도 다소 생소하게 들리는 느낌이 있는 것 같다. 최근 외신을 보면 IT 전문가들이 모여 IoT라는 용어가 너무 이상하다며 새로운 용어가 무엇이 있을까 토론을 했다는 기사도 있다. IoT는 인터넷의 맨 마지막을 의미한다는 점에서 인터넷의 종착역(Endpoint)이라는 주장도 나온다.

하지만 모든 것들이 급속하게 연결되면서 초기엔 다소 생소했던 IoT라는 개념이 광범위하게 퍼지고 있는 분위기다. 외신 기사만 봐도 IoT에 대해 일반적인 용어처럼 설명하는 경우가 점점 일상화되고 있다. 이런 점을 감안하면 조만간 보통명사처럼 널리 사용될 날이 머지않아 보인다.

PART 01

DIGITAL ONE KOREA

IoT 혁명의 시작

2차 디지털 혁명의 시작

IoT의 3대 요소

앞서 IoT가 접목된 가정, 학교, 병원에서 우리 삶이 어떻게 바뀌게 될지 예를 들어 묘사해 봤다. 그렇다면 구체적으로 어떻게 이런 시대가 가능하게 되고, 앞으로 어떤 기술이 이런 세상을 가능하게 할 것인지 하나씩 따져보자.

당뇨병을 앓고 있는 할아버지에게 어떤 방식을 통해 24시간 편하게 의료서비스가 가능한지를 한번 따져보면 쉽게 이해가 될 것이다. 당뇨병을 앓고 있는 할아버지 입장에서는 어느 날 TV나 컴퓨터를 통해 날아온 영상 이메일을 통해 주치의의 얘기를 듣고 자신의 몸 상태를 파악하게 된다. 시간에 맞춰 혈당을 재고,

병원에 가서 기다리는 수고를 할 필요가 없다. 문제 발생 소지가 있을 경우 날아든 영상 이메일만 보면 된다.

할아버지 입장에서는 간단하지만 주변의 사물들은 24시간 바쁘게 움직인다.

먼저 중요한 것이 센서다. 우리 주변의 모든 것들에는 센서가 부착된다. 침대 약통, 혈당을 재는 이식칩에 붙은 센서는 24시간 정보를 내보낸다. 센서 네트워크를 통해 정보를 실시간으로 수집하는 것이다.

두 번째, 이렇게 센서가 보낸 정보는 한 곳에 모이게 된다. 엄청나게 모인 데이터, 바로 빅데이터다. 이 빅데이터는 단순한 정보다. 이 정보를 분석해 유의미한 인사이트로 만드는 것이 바로 정보 분석이다.

수면, 투약, 혈당 등 할아버지의 몸과 주변 습관에 대해 24시간 쏟아져 나오는 데이터를 실시간으로 분석해 문제가 있다는 점을 파악하는 것이 바로 인사이트를 추출하는 것이다. 인사이트를 쉽게 말하면 '지혜'라고 할 수도 있고, '지능형 정보'라고 할 수도 있다.

이렇게 마련된 인사이트는 언제 어디서든 쉽게 활용할 수 있어야 한다. 이를 가능하게 하는 것이 바로 '클라우드'다. 주치의

| 24시간 일하는 사물의 시대 |

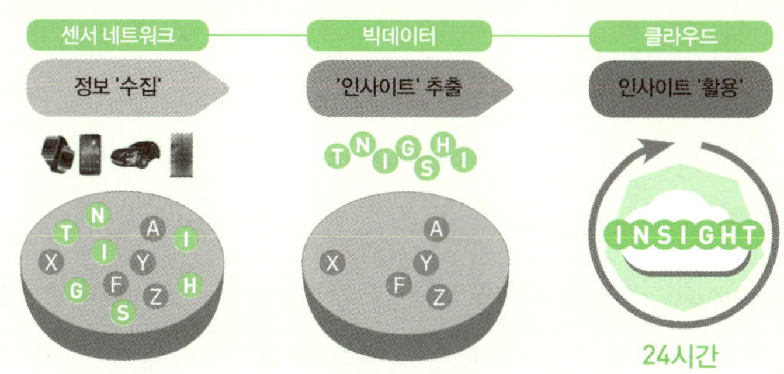

의 영상을 통해 할아버지가 언제 어디서든 인사이트를 접하고 적절한 조치를 취하는 것은 바로 이 클라우드가 있기 때문에 가능한 것이다.

정보를 수집하는 단계에서의 '센서 네트워크', 그리고 데이터가 쌓이는 '빅 데이터'와 이를 통한 인사이트 추출, 마지막으로 인사이트 활용을 위한 '클라우드', 이 세 가지가 바로 IoT의 기본적인 요소라고 할 수 있다.

1차 vs 2차 디지털 혁명

IoT 시대는 인터넷이 가져온 기존의 변화와는 근본적으로 다른 변화를 가져오는 새로운 세상이다. 왜 그럴까. 1990년대 중반부터 인터넷의 보급은 우리 삶을 완전히 바꿔놓았다. 원하는 자료 하나를 찾기 위해 도서관에서 하루 종일 시간을 보내는 일상은 더 이상 존재하지 않는다. 인터넷을 통해 전 세계 모든 자료에 실시간으로 접근하게 됐다. 이메일과 메신저는 정보를 주고받는 형태를 바꿔놓았다. 또 야후, 구글, 아마존, 이베이 등 수많은 포털과 전자상거래 업체들이 쇼핑과 정보검색에 혁명을 불러왔다.

인터넷에 이은 두 번째 혁명은 글로벌 금융위기에 즈음한 2007~2008년 급속히 퍼지기 시작한 모바일 혁명이다. 애플의 아이폰으로 시작된 두 번째 모바일 혁명은 인터넷이 가져온 수많은 변혁을 손바닥 만한 스마트폰에서 모두 가능하도록 했다. 전 세계 어디에서나 스마트폰 하나면 필요한 정보와 쇼핑을 즐기고, 영화를 볼 수 있는 시대를 열었다. PC 없이도 스마트폰과 태블릿으로 우리가 필요한 모든 것을 해낼 수 있는 세상이 바로 모바일 시대다.

IoT 사물인터넷 시대는 인터넷 발전단계에서 보면 세 번째 혁명이다. 모바일 시대까지는 PC와 스마트폰, 태블릿 등 정보전자 기기들이 인터넷에 연결돼 우리 삶의 변화를 가져왔다. 하지만 이제 스마트 기기가 아닌 냉장고, 세탁기 등 가전제품에서부터 책상, 의자, 숟가락 등 일상용품 및 자동차에 이르기까지 우리 주변에 볼 수 있는 모든 기기들이 인터넷에 연결되는 시대를 맞이하게 됐다.

IoT 시대는 첫 번째 인터넷 시대, 두 번째 모바일 시대와는 개념이 완전히 다른 새로운 시대라고 할 수 있다. 그런 의미에서 인터넷과 모바일 시대는 1차 디지털 혁명이고, IoT 시대는 2차 디

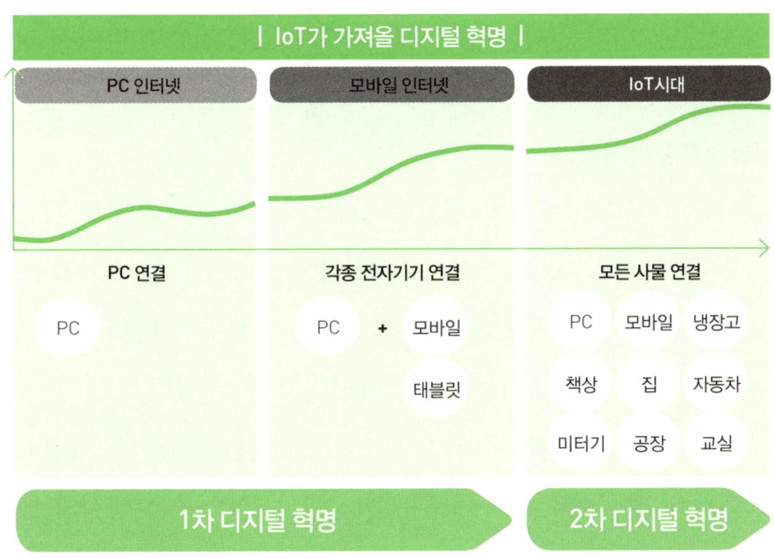

지털 혁명이라는 분류가 더 적합하다. 그렇다면 2차 디지털 혁명은 1차 혁명과 비교해 근본적으로 무엇이 다르다고 정의할 수 있을까.

우리가 피부로 느끼는 가장 중요한 변화는 서비스 방식이다. 인터넷이든 모바일이든 우리는 정보가 필요할 때마다 쉽게 찾는 것에 만족했다. 초고속인터넷으로 빠르게 찾고, 스마트폰으로 언제 어디서든 검색할 수 있는 것이 우리의 만족도를 높였다. 서비스의 초점은 당연히 얼마나 빠르게, 얼마나 쉽게 원하는 것을 찾느냐에 모아졌다. 내가 정보를 끌어당기는 '풀(Pull)' 방식이다.

하지만 2차 디지털 혁명은 내가 원하는 무언가를 내가 찾는 것이 아니다. 내가 원하는 무언가를 주변에 있는 것들이 알아서 찾아준다. 나에게 필요한 정보를 적시에 넣어주는 방식, 즉 '푸시(Push)' 방식이다.

이전에는 내가 필요한 정보를 찾았다면, 이제는 주변의 사물이 나에게 조언(Advice)하고, 권하는(Recommend) 것이 가장 중요한 차이점이다. 정보에 대한 패러다임이 완전히 바뀌는 것이다. 주변의 사물들이 지능형으로 바뀐다고 할 수 있다.

이전에는 필요할 때마다 무언가를 찾는 '온디맨드(On-demand)' 방식이었다면 이제는 24시간 사물에 붙은 센서가 데이터를 교환하며 적절한 조언을 해주는 '24시간 서비스(Always-on)' 시대가 된다.

제공되는 콘텐츠 역시 내가 정보를 조합해 필요한 지혜를 찾는 것이 아니라, 주변의 사물이 알아서 인사이트를 가져다주는 형태다. 이는 결국 웬만한 일을 사람이 아닌 로봇이 하는 것이 가능해지는 시대를 의미한다. 기업이나 학교에서 보고서를 작성할 때는 정보 검색을 통해 필요한 데이터를 얻지만, 이젠 제목만 입력하면 이에 맞는 다양한 보고서를 알아서 제공하는 시대가 올지도 모른다.

| IoT 시대 패러다임 전환 |

	모바일 시대	IoT 시대
연결 주체	人 중심	人 중심 物 확대
서비스 방식	Pull (빠르고 쉽게 '찾는')	Recommend (사물이 '제안')
연결 상태	On-demand	Always-on
콘텐츠	정보	지혜

2020년, 1인당 10개의 사물이 연결

사물이 조언하는 시대. 꿈같은 세상은 생각보다 빠르게 다가오고 있다. 인터넷에 연결되는 사물의 수가 급속히 늘어나고 있기 때문이다. 이미 센서를 단 체중계와 신발, 의류, 숟가락 등이 시중에 하나 둘씩 나타나고 있다.

시스코는 2020년이면 인터넷에 연결된 사물 수가 500억 개에 달할 것으로 예상하고 있다. 현재 100억 개 조금 넘는 인터넷 연결 사물 수가 5배 가까이 늘어나는 것이다. 2020년이면 1인당 약

ㅣ 글로벌 전체 연결된 사물의 수 및 인당 연결된 사물의 수 ㅣ

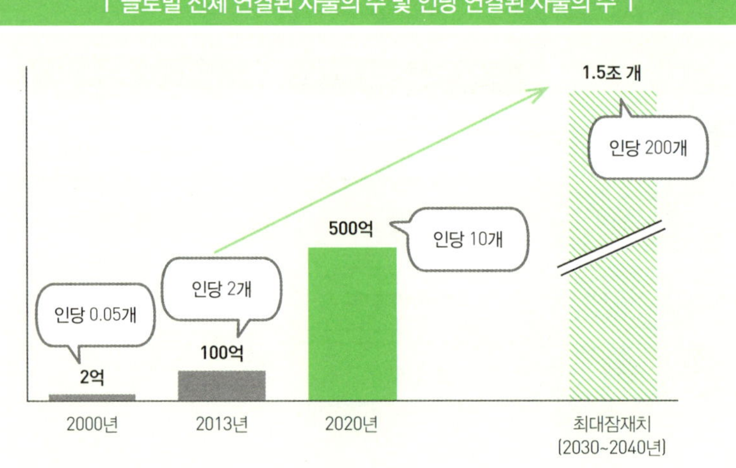

* 자료: 시스코

10개에 가까운 사물이 연결된다. 또 2030~2040년쯤 되면 1인당 200개에 이르는 사물이 인터넷에 연결될 것이라는 전망이다.

가트너 등 IT 관련 시장 전망 기관들도 저마다 수치는 조금씩 다르지만 2020년까지 인터넷 연결 사물 수가 10배 이상 늘어나는 등 빠르게 사물인터넷 시대에 접어들 것이라는 전망을 내놓고 있다.

정보화 넘어서 지혜의 네트워크가 도래

이어령 전 문화부 장관은 모든 것들이 인터넷으로 연결되는 시대에 대해 “지금까지는 하나의 실체를 연구했지만 이제부터는 실체와 실체의 관계를 연구하는 것”이라고 정의했다.

이 전 장관은 “과거엔 사람과 기계가 통신하기 위해 키보드 등의 인터페이스를 주로 사용했다”며 “스티브 잡스는 그것을 바꿔서 엄청난 시장, 엄청난 IT의 혁명을 가져왔다”고 설명했다.

그는 “예전부터 컴퓨터도 있었고 프로그래머도 있었지만 프로그래머와 사용자, 사용자와 사용자를 연결해주는 기술자들이 없었다”며 “상상력과 창조력의 부재로 인해 그 동안의 컴퓨터 사용은 키보드만으로 이뤄져왔는데, 키보드를 없애면서 연결이 가능해졌다”고 덧붙였다.

이 전 장관은 의사와 환자 사이를 가로막았던 모니터라는 벽이 없어지고, 의사와 환자가 같은 CT 사진을 보는 것을 비유로 들었다. 그는 "아이패드 등 태블릿PC의 경우 키보드가 없기 때문에 모니터가 수직이 아닌 수평으로 놓여 있게 된다"며 "의사와 환자가 같은 것을 보면서 '당신의 몸이 바로 이렇소'라고 얘기하는 시대가 왔다"고 말했다. 인터페이스가 변했기 때문에 실체의 세계에서 관계의 세계로 미래가 변화하고 있다고 전했다. 이런 시대 변화를 대비해야 한다는 것이다.

이 전 장관은 "인간과 사물이 아닌 사물과 사물 간 통신이 가능해지면서 인간들의 자동제어장치들이 함께 협력해 만들어가는 세상이 온다"며 "그것이 정보화 사회를 넘어서는 지혜의 사회"라고 단언했다. 그는 "지금은 지식이 지배하는 사회, 빅데이터가 지배하는 사회지만 거꾸로 올라가면 원시 시대 때의 지혜를 가진 것들이 얽혀 있듯이 지혜의 네트워크가 온다"고 덧붙였다. 이 전 장관은 아울러 "똑똑해진 사물들이 지혜의 세계로 다시 돌아갈 수 있다"고 말했다.

Chapter **02**

티핑포인트에 놓인 사물인터넷

기술과 인프라는 이미 눈앞에

새로운 기술이 생활 속에 스며들어 삶과 기업, 사회를 송두리째 바꾸기 위해서는 세 가지 조건이 충족돼야 한다.

첫 번째, 기술이 경제성을 가져야 한다. 기술이 싸져야 한다는 얘기다. 기술을 구현하기 위해 수십억 원이 든다면 과연 누가 그 기술을 사려고 할 것인가. 일반인들이 쉽게 살 수 있는 수준으로 기술 가격이 떨어져야 한다.

두 번째, 인프라가 잘 갖춰져 있어야 한다. 온라인 쇼핑몰이 번성하려면 초고속인터넷이 곳곳에 잘 깔려 있어야 한다는 것과 같은 이치다.

세 번째, 혁신적인 무언가를 내놓는 이노베이터가 있어야 한다. 아이폰이 세상을 지배하게 된 것은 스티브 잡스가 이끈 애플 같은 혁신가와 기업이 있었기 때문이다. 사실 아이폰이 나오기 이전에도 수많은 기업들이 스마트폰과 유사한 방식의 기술을 내놨지만 삼박자가 제대로 갖춰지지 않았다.

그렇다면 IoT는 삼박자가 잘 갖춰지고 있는 것일까.

먼저 기술을 살펴보자. IoT가 가능해지려면 네트워크가 잘 깔려 있어야 하고, 모든 사물에 붙는 핵심 센서의 기술이 잘 갖춰져야 한다.

IoT를 구현하기 위해 가장 중요한 핵심센서 중 하나는 바로 '멤스(MEMS)'라고 불리는 센서들이다. 이 센서들은 사물의 움직임, 가속도 등을 파악하는 다양한 전기전자 센서들인데, 최근 5년 동안 멤스의 가격은 약 80~90%가량 하락했다. 근거리에서 통신을 하도록 하는 RFID 센서 가격도 최근 18개월 동안 40%가

량 하락해 개당 10센트 수준까지 떨어졌다.

네트워킹과 관련한 장비들의 가격도 크게 떨어지고 있다. 와이파이 라우터 가격은 최근 몇 년 동안 200달러에서 10달러까지 하락했고, 통신모듈 가격도 대부분 20달러 수준까지 떨어졌다. 센서 가격이 떨어졌다는 것은 그만큼 수요가 많이 늘고 있다는 것으로, 주변 사물에 센서를 부착해 새로운 비즈니스를 할 만한 여건이 조성되고 있다는 것을 말한다.

컴퓨팅 능력도 갈수록 향상되고 있다. 전문가들은 2020년쯤이면 프로세서 칩 내의 트랜지스터 수가 인간의 세포 수를 넘어서게 될 것으로 보고 있다. 인간의 뇌에 버금가는 지능형 로봇 등이 향후 가능해질 것이라는 얘기다.

IoT를 구현하기 위한 기반시설인 인프라스트럭처도 이미 준비돼 있다. IoT 시대가 되더라도 당분간 스마트폰이 허브 역할을 하게 될 것이다. 예를 들어 신발이나 의류에 센서가 붙어 우리 몸의 헬스케어를 체크하면 이 정보가 스마트폰을 통해 오가게 될 것이라는 얘기다. 2020년이면 스마트폰 보급률이 거의 100%에 도달하게 된다. 이는 누구나 센서를 통해 사물이 제공하는 정보를 받아볼 수 있게 된다는 얘기다.

IoT의 주소체계인 IPv6도 이미 도입됐다. IoT의 연결 최대치는 1조~1.5조 개인데, IPv6의 수는 최대 16조 개에 달할 것으로 예상된다. 쉽게 말하면 인터넷에 연결되는 모든 사물에 하나씩 부여할 주소체계가 이미 완비돼 있다는 얘기다.

사물에 연결할 주변 여건은 이미 마련된 상태다.

이제 이런 기술과 인프라를 활용해 일반인들이 IoT를 사용할 수 있도록 혁신적인 제품을 만들어내는 그 누군가가 있어야 한다. 사실 혁신가에 앞서 이미 수많은 기업들은 IoT라는 새로운 기술을 통해 하나 둘씩 실전에서 효과를 내고 있다.

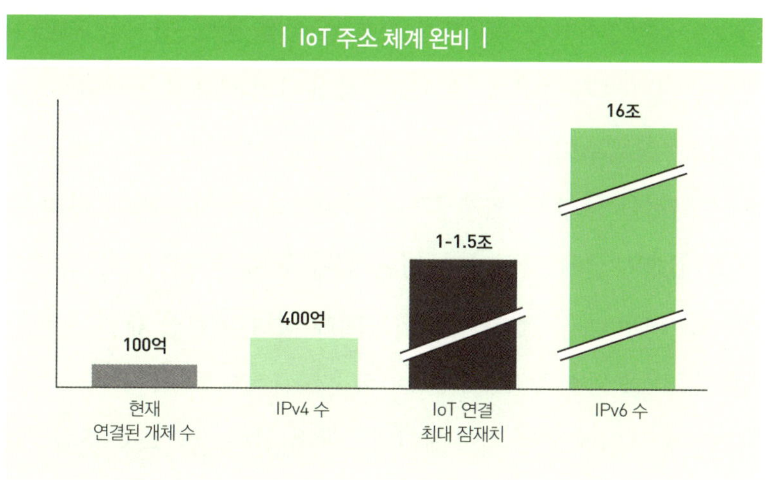

IoT 시대 잡스는 누가 될까

스티브 잡스.

데이터베이스(DB) 시장의 강자인 미국 IT기업 오라클은 2013년 아메리카컵 요트대회에서 센서를 단 요트로 우승을 차지했다. '오라클 팀 USA'는 요트에 400개가 넘는 센서를 달아 풍향, 풍속 등 날씨 정보와 이에 따른 배의 움직임을 분석해 선수들에게 실시간으로 보내줬다. 선수들은 웨어러블 기기를 통해 이를 받아 경기를 진행해 우승했다. IoT가 효율을 극대화한 대표적인 사례로 꼽힌다.

영국 〈이코노미스트〉가 반도체 회사인 ARM과 공동으로 내놓은 보고서를 보면 전 세계 779개 기업 가운데 약 75%가 이미 사물인터넷 시장에 진입하기 위한 전략을 마련하고 있다고 답했다. 이미 대다수 기업들이 IoT에 대해 상당히 많은 준비를 하고 있다는 것을 암시해 주는 대목이다.

2014년 1월에 미국 라스베이거스에서 열린 가전쇼 CES와 2월 스페인 바르셀로나에서 열린 모바일쇼 MWC는 IoT가 이미 눈앞에 성큼 다가왔다는 사실을 한눈에 보여준 상징적인 전시회다.

CES에 참여한 가전업체들은 하나 같이 IoT와 관련된 제품을 선보였다. CES에서 가장 두각을 나타낸 곳은 가전업체가 아닌 자동차업체들이다. 이번 전시회에 글로벌 자동차 회사들이 모터쇼를 방불케 하는 참여율을 보인 이유는 단 하나, 앞으로 다가올 IoT 시대를 선점하기 위해서였다.

MWC에는 중국업체들이 대거 웨어러블 제품을 선보여 주목받았다. 스마트폰 시대까지는 뒤쳐졌던 중국업체들이 IoT 시대에는 앞서나가겠다는 의욕을 보여준 자리로 평가받고 있다.

IoT 시대의 가장 혁신적인 기업으로 꼽히는 곳은 다름 아닌 구글이다. 구글은 2014년 모토롤라의 휴대폰 사업부를 팔고, 무선

2014년 1월 미국 라스베이거스에서 열린 CES2014의 삼성전자 부스 전경.

인터넷 온도조절기 회사를 32억 달러에 사들였는데, 이 벤처기업을 통해 구글이 IoT의 혁신적인 서비스를 만들어낼 것이라는 전망이 나오고 있다.

하지만 IoT 시대의 혁신은 단 하나에 의해 진행될 것 같지는 않다. IoT는 모든 사물이 연결되는 만큼 상당히 많은 기업들이 참여한 생태계를 통해 혁신이 진행될 것이라는 게 일반적인 견해다. 구글만 하더라도 이미 아우디 등 자동차 회사들과 공동으로 무인차를 비롯한 다양한 자동차 서비스를 테스트하고 있다. 삼성전자 역시 BMW와 함께 스마트 와치로 차량을 제어하는 기술을 선보이기도 했다.

퀄컴은 2014년을 스마트 홈의 원년으로 선언하기도 했는데, 이미 '올조인'이라는 연합체를 구성해 IoT 시대의 표준을 주도하기 위한 전략을 추진해 나가고 있다. PC 시대를 주도했던 인텔 역시 손톱 크기의 내장형 초소형 PC '에디슨 프로젝트'를 진행하고 있다. 글로벌 기업들은 각자의 영역에서 가장 혁신적인 제품을 주무기로 IoT 시대가 가져올 생태계를 장악하기 위해 벌써부터 발 빠르게 움직이고 있다.

IoT는 티핑포인트에 와 있다

“미래는 이미 우리 앞에 와 있다. 다만 널리 퍼져 있지 않을 뿐이다.”

윌리엄 깁슨이란 공상과학(SF) 소설 작가가 던진 이 말은 IoT의 현 위치를 설명하는 데도 아주 적합한 문장이 아닐까 한다. IoT에 대해 여전히 생소하고, 심지어 처음 들어봤다고 얘기하는 이들도 많이 있지만 부지불식간에 IoT는 이미 우리 생활을 파고들었다.

새로운 기술은 발전 단계에 따라 네 단계의 사이클을 겪게 된다. 먼저 기술의 불씨를 당기는 시기다. 불씨를 당기면 얼마 후에 기술이 점점 만개하고, 이에 따라 시장이 생긴다. 기술이 만개할 시점이 되면 버블은 불가피하다. 어느 정도 거품이 생기면서 시장은 점점 더 커져간다. 하지만 얼마 후 기술이 성숙단계에 접어들면 버블이 꺼지게 된다. 버블의 크기에 따라 후유증도 결정된다.

인터넷이 처음 세상에 선을 보였을 때 버블은 엄청났다. 그동안 전혀 보지 못했던 시대가 도래한 것이라 버블의 크기는 상상을 초월할 만큼 컸다. 후유증이 상당했지만 기술이 성숙되면서 실력 없는 기술들은 도태했다. 패자들은 몰락했고, 승자들이 마지막 단계에서 점유율을 늘려갔다. 오늘날 세상을 지배하고 있는 구글, 아마존, 이베이 등은 닷컴 시대의 버블과 이로 인한 몰락을 견뎌낸 후 승자로서 점유율을 확대하고 있는 대표적인 기업들이다.

기술 발전의 네 단계를 감안할 때, IoT는 불씨를 당기는 단계를 이미 지나 시장과 기술이 만개하기 직전 단계에 와 있다는 것이 중론이다. IoT 관련업체인 스마트씽스의 최고경영자(CEO)는

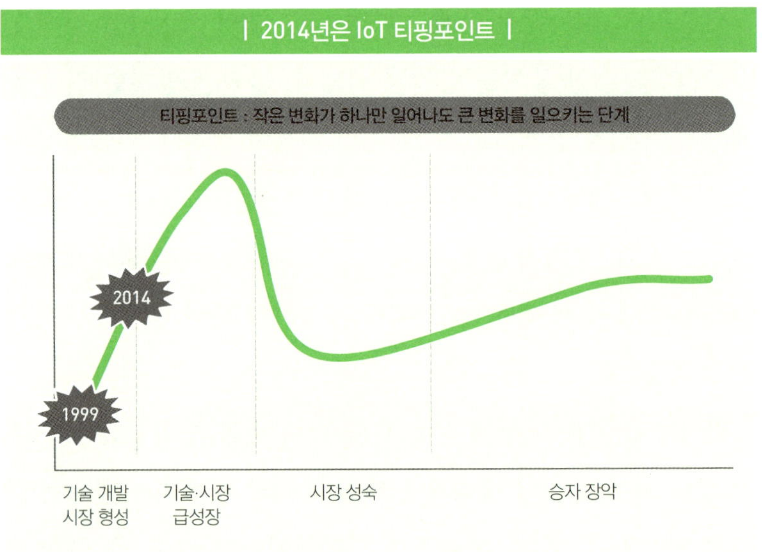

"지금이 바로 IoT의 티핑포인트"라고 단언하고 있다. 작은 변화 하나만 일어나도 큰 변화로 퍼져가는 단계에 와 있다는 것이다.

앞서 언급했듯 많은 기업들이 IoT 관련 기술을 개발하는 데 박차를 가하고 있고, 곧 일반인들도 관심을 가질 만한 IoT 기술과 제품들이 속속 시장에 나타나게 될 것이라는 전망이 나오고 있다. 티핑포인트에 다가선 IoT. 이제 시장을 선점하기 위해 뛰는 글로벌 기업들 때문에 더욱 빨리 우리 삶으로 다가오게 될 것이 분명하다.

PART 02

DIGITAL ONE KOREA

글로벌 기업이 뛰고 있다

Chapter **01**

전 세계 70억 인구의 뇌를 지배하는 구글

1페타바이트(PB)는 1,000조 바이트다. 보통 노래 한 곡 분량이 5MB(메가바이트)인데 1PB라면 2억 곡 정도를 담을 수 있다. 세계 최대 검색 엔진인 구글이 매일 처리하는 정보량이 20PB에 달한다. 하루 10억 건의 접속이 이뤄지는 구글은 전 세계 온라인 검색 시장의 70%를 차지한다. 구글에 올라온 500억 웹페이지를 분당 1페이지씩 모두 본다고 가정할 경우 무려 10만 년에 가까운 시간이 필요할 정도다.

구글은 검색으로 유입된 사용자들에게 이메일과 지도, 일정관리, 소셜네트워크서비스, 클라우드, 쇼핑 등 다른 서비스를 제공하며 사용자들을 끊임없이 구글의 틀 속에 가두려고 한다.

사용자들은 구글을 이용하면서 개인별 검색 기록과 구매 내역, 온라인 활동 등의 패턴을 데이터 형태로 구글에 남긴다. 이렇게 쌓인 데이터는 구글 온라인 광고 시스템인 '애드센스(Adsense)' 등을 통해 광고주에게 유용한 정보로 재해석된다. 이를 통해 광고주는 구매 잠재력이 높은 특정 고객에게 맞춤형 광고를 보여줄 수 있고, 구글은 매출의 90% 이상을 이러한 광고주들로부터 얻는다.

이러한 노력으로 구글의 기업가치는 꾸준히 늘고 있다. 구글은 지난 10년간 연평균 35%씩 성장했다. 2014년 2월, 구글은 미

| 온라인에서 오프라인으로 확장 중인 구글 |

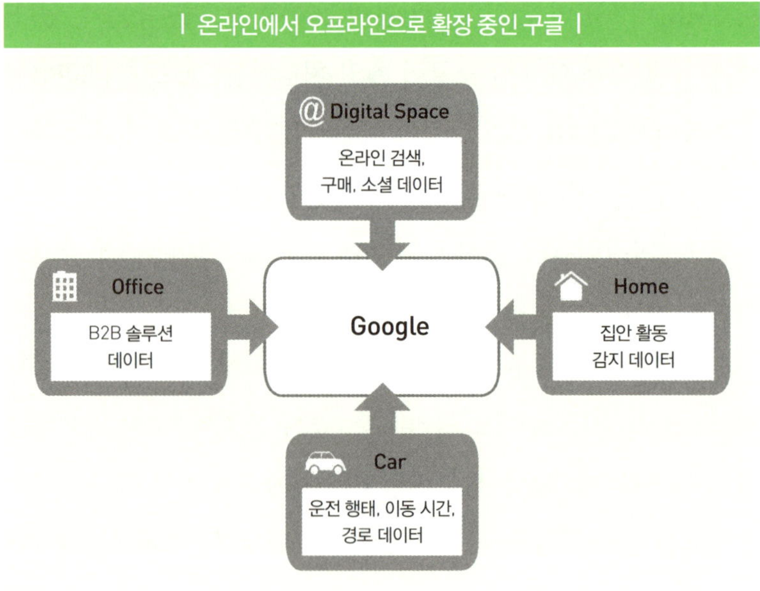

국 뉴욕 주식시장에서 에너지 공룡인 엑손모빌을 제치고 애플에 이어 두 번째로 시가 총액이 높은 기업이 되기도 했다.

정보는 검색되지 않는다

스마트폰이 보편화된 모바일 시대가 되면서 우리는 원하는 정보를 언제 어디서나 쉽게 찾아볼 수 있게 됐다. 이러한 정보의 즉시성에 의해 '쇼루밍(Showrooming, 오프라인 매장에서 상품을 확인한 뒤 가격이 상대적으로 저렴한 온라인에서 물건을 구매하는 소비 행태)'과 같은 소비 행태가 새겨났다. 이로 인해 온라인과 오프라인이 결합된 옴니채널 전략은 유통 업체들에게는 이미 거스를 수 없는 대세가 됐다.

구글은 수학을 기반으로 검색 프로그램을 정교하게 설계해 빠르고 정확한 검색 엔진을 개발했다. 검색 엔진은 구글의 성장 동력이다. 지금까지는 정보를 얻기 위해 우리가 열심히 검색해야 했다. 즉 정보를 '풀(Pull)'할 때만 얻을 수 있다는 얘기다.

앞으로 사물인터넷 시대가 되면 인터넷으로 연결된 사물이 지능을 갖게 되고 사용자가 원하는 정보를 직접 찾기 전에 사용자의 욕구를 파악해 해당 정보를 보내주는 '푸시(Push)' 형태로 정보 검색 방식이 바뀔 것이다. 정보를 '풀'하는 데 최적의 도구로 사용되었던 검색 엔진을 통해 온라인 세상을 장악했던 구글은 정보가 '푸시'되는 시대 또한 선도하고 있다.

2012년 출시된 '구글 나우(Google Now)'가 그렇다. 사용자가 구글을 통해 검색했던 정보와 일정, 이메일, 유튜브 동영상 시청 내역, 쇼핑 내역, 지도검색 등의 내용을 바탕으로 사용자의 상황을 이해해 사용자가 필요한 때라고 생각되었을 때 이를 미리 알려주는 '스마트 비서' 등의 서비스 제공을 목표로 한다.

예를 들어 구글 캘린더에 친구와의 점심 일정을 메모했다면 구글 나우는 약속 일주일 전에 알림 메일을 보낸다. 알림 메일에는 과거 점심 식사 때 자주 찾았던 레스토랑을 파악해 인근 레스토랑을 추천하는 내용이 담겨 있다. 사용자는 구글 나우에 나타나는 버튼을 누르기만 해도 해당 식당에 예약을 할 수 있다. 약속 당일에는 도로 상황에 따라 도착까지 걸리는 시간을 실시간으로 파악해, 출발해야 하는 시간에 알림 메시지를 전송한다.

또한 구글은 검색 기록과 유튜브 시청 내역 등을 분석해 사용자가 메이저리그 LA다저스의 팬임을 알 수도 있다. 구글 나우는 사용자 캘린더 약속 일정과 LA다저스 홈경기의 스케줄을 바탕으로 경기 예약을 추천하기도 한다. 과거 예약 시 티켓 예약 평균 가격대를 바탕으로 적정한 티켓 옵션을 제공하고 실제로 티켓을 예약하면 QR코드를 전송해 구글 캘린더에 이를 자동으로 저장시킨다. 경기 당일 도착 시간을 감안해 구글 나우는 이동 루트를 전송한다.

구글의 숨겨진 야심

2013년 6월 미국 샌프란시스코에서 열린 구글의 연례 개발자 대회(I/O)에서 구글의 창업자이자 최고경영자(CEO)인 래리 페이지는 "우리가 이룬 것은 우리가 해야 할 일의 1%에 불과하다"고 말했다. 구글이 생각하고 있는 나머지 99%의 일은 무엇일까? 구글이 꿈꾸고 있는 미래는 구글의 최근 행보를 보면 어느 정도 예상할 수 있다.

"세상의 정보를 체계화해서 누구나 쉽게 접근하고 사용할 수 있게 한다(Organize the world's information and make it universally accessible and useful)."

이는 구글의 미션이다. 세상의 모든 정보는 온라인에서 생산되는 것과 오프라인에서 생산되는 것으로 구분할 수 있다. 초연결 사회에서는 모든 사물이 인터넷을 통해 서로 연결되고, 오프라인과 온라인 세상의 경계가 무너진다.

온라인 세상에서 사용자에 대한 정보를 충분히 쌓아올린 구글은 사물인터넷 시대를 맞아 오프라인 세상으로 그 영역을 확장하며 초연결 사회를 가장 앞서 준비하고 있다. 우리가 집 안에서 어떤 활동을 하는지, 차 안에서는 무슨 생각을 하는지, 우리의 건강 상태는 어떠한지, 우리가 무엇을 보고 느끼는지에 대한 정보도 제공해보겠다는 야심이다. 지난 3년간 구글의 오프라인 확장을 보여주는 내용은 다음과 같다.

- 2010년: 안드로이드 운영체제 기반의 구글TV 출시
- 2011년: 모바일 기기 개발에 필요한 특허와 기술력을 확보하기 위해 모토롤라의 휴대폰 사업 부문 124억 달러에 인수(2013년 중국 레노버에 29억 달러에 매각)
- 2011년: 스마트 홈 플랫폼인 안드로이드@홈(Android@Home) 출시
- 2013년: 사용자의 휴대폰과 연동되어 대화가 가능한 구글 신발 출시
- 2013년: 웨어러블 기기인 구글 글래스 테스트 버전 출시
- 2013년: 무인차 50만 마일 무사고 주행 완료

- 2013년: 모듈형 모바일 기기 개발 계획(Ara 프로젝트) 발표
- 2013년: 4족 보행으로 유명한 보스톤다이내믹스를 포함해 총 8개의 로봇 개발사 잇따라 인수
- 2014년: 사물인터넷을 활용한 실내 온도조절기 회사 네스트랩스 인수
- 2014년: 당뇨 레벨 측정과 정보 전송이 가능한 콘택트렌즈 특허 등록

스마트 홈, 구글의 첫 공략 대상

사람들은 집과 차, 사무실에서 대부분의 시간을 보낸다. 구글의 최근 행보를 보면 우리가 아침에 눈을 뜨는 순간부터 잠자리에 드는 순간까지 모든 활동에 대한 정보를 확보하려는 것으로 보인다.

가장 신경을 쓰는 곳은 집이다. 2014년 초에 벤처회사인 네스트랩스(Nest Labs)를 32억 달러(약 3조 3,600억 원)라는 거금을 들여 인수한 것은 스마트 홈에 대한 구글의 굳은 의지를 보여준다.

네스트는 사물인터넷 기술을 활용해 온도조절기와 화재경보기를 만드는 회사다. 네스트의 2013년 매출은 3억 달러(약 3,150

억 원)로 추정된다. 일반적인 제조업체의 인수 가격은 매출의 1.5~2배 수준인데 비해 네스트는 10배의 가치를 인정받아 구글에 인수됐다.

구글은 네스트에서 어떤 가능성을 본 것일까? 이 회사의 온도조절기는 움직임을 감지하는 센서와 무선인터넷을 내장하고 있다. 사용자는 첫 2주간 수동으로 또는 무선인터넷을 통해 원격으로 원하는 실내 온도를 설정한다. 2주간 온도조절기는 사용자가 설정한 온도와 그 온도를 설정하게 된 환경을 클라우드 서버에 저장해 뒀다가 같은 상황이라고 판단되면 자동으로 그 상황에 맞는 온도를 설정한다.

예를 들어 직장인 A 씨는 평일 오전 8시에 출근하고 저녁 6시에 퇴근한다. 네스트의 온도조절기는 A 씨의 움직임이 없는 오전 8시부터 오후 동안에는 실내 온도를 낮게 설정해 놓는다. 과거에는 퇴근 후 집에 오는 길에 스마트폰을 활용해 실내 온도를 미리 올려놓았었다. 그러나 네스트의 온도조절기는 이러한 설정을 기억하고 오후 5시 30분경에 온도를 올려놓는다.

A 씨는 많은 사람이 집에 있을 때는 온도를 조금 낮춰 놓는 것을 좋아하고, 거실에서 TV를 보고 있을 때는 조금 높은 온도를 선호한다는 점도 데이터로 저장되어 있다. A씨의 상황에 따라

온도조절기가 지능적으로 온도를 조절함으로써 사용자의 난방비를 1년에 200달러(약 21만 원)가량 절약해 준다.

네스트는 애플 아이팟 개발의 아버지라고 불리는 토리 파델이 창업한 회사다. 직원 300여 명이 전원 애플 출신으로, 하드웨어와 소프트웨어에 대한 전문성과 기술력을 갖췄다.

2010년 스마트TV 운영체제를 통해 안방 진입을 시도했던 구글은 삼성전자, 소니 등 쟁쟁한 TV 제조사들의 아성을 넘지 못했다. '안드로이드@홈'이라는 스마트 홈 플랫폼을 구축한 구글은 가정 내로 침투할 수 있는 무기가 필요했다. 네스트는 구글이 그동안 찾고 있던 무기 가운데 하나가 될 수 있다. 스마트 홈이 현실화되기 위해서는 기기들이 독립적으로 인터넷에 연결되기보다 기기가 서로 연결되어 소통할 수 있어야 한다.

구글은 네스트의 온도조절기를 통해 스마트 홈의 허브가 되는 TV와 냉장고, 전등, 시계, 전자레인지 등 집 안의 모든 물건을 인터넷으로 연결한다는 구상이다. 구글의 네스트 인수 이후 미국 실리콘밸리에서는 이러한 농담이 돌고 있다.

"항상 섭씨 26도의 따뜻한 온도로 설정해 놓은 집이 갑자기 설정 온도를 18도로 낮췄다. 이를 인지한 구글은 해당 사용자의 이메일 계정으로 대출 안내 광고장을 보낸다. 난방비를 아껴야 할 정도로 사용자의 재정 상황이 나빠졌다는 것을 구글이 가장 먼저 인지했기 때문이다."

단순한 얘기 같지만 곰곰이 뜯어보면 등골이 오싹한 기분이 든다.

이동공간의 혁명, 구글카

무인자동차(자율주행자동차)는 영화 〈마이너리티 리포트〉, 〈제5원소〉 등 미래를 소재로 한 영화에 자주 등장한다. 글로벌 자동차 업계의 최대 이슈도 이러한 무인차를 만드는 것이다. BMW와 아우디, 벤츠와 같은 고급 브랜드에서부터 도요타, 닛산, GM, 현대자동차와 같은 대중적인 브랜드까지 모든 완성차 업체가 무인자동차 기술을 확보하기 위한 전쟁을 벌이고 있다.

무인차의 초보적 기술은 이미 많은 차량에 반영되어 있다. 차량 외부에 있는 카메라를 이용한 평행 자동 주차 기술도 무인차와 관련 있다. 이는 차선의 방향과 너비, 앞 차량과의 간격 등을 인식해 운전자가 핸들과 페달을 건드리지 않아도 자동으로 주차

해주는 기술이다. 완성차 업체가 고민하는 부분은 주행에서의 기술이다. 신호와 표지판을 인식하고, 다른 자동차의 위치를 정확히 파악해 차선을 바꾸거나 끼어드는 차량에 대응할 수 있어야 한다. 주변 상황을 얼마나 빠르고 정확하게 분석해 대응하는지가 중요한 기술이다.

이러한 무인차 기술에서 가장 앞서 있다고 평가받는 곳이 구글이다. 구글은 전 세계에서 사용되는 구글 어스(Earth)와 맵스(Maps) 같은 지도 기술을 통해 전 세계 각국의 골목골목과 교통 정보를 보유하고 있다. 구글의 무인차 개발은 2005년 무인자동차 사막 횡단 대회인 다르파 그랜드 챌린지(DARPA Grand Challenge)에서 우승한 스탠포드대의 세바스천 스런을 영입하면서 본격적으로 진행됐다.

구글은 정식 제품 출시에 앞서 법제도 개선에도 나섰다. 일반도로에서 무인차 운행이 허용될 수 있도록 미국 정부를 대상으로 꾸준히 로비 활동을 펼쳤고, 2011년 네바다주에서 관련법이 통과될 수 있었다.

2012년 5월 도요타 프리우스를 개조해 만든 구글카 1호가 최초 운행에 나섰다. 각종 센서를 장착한 구글카는 사람이 올라타는 순간부터 패스트푸드 매장의 드라이브 스루에서 음식을 구입한 뒤 고속도로를 달려 집으로 돌아오는 순간까지 사람의 개입 없이 운행됐다. 현재 무인차 운행은 캘리포니아와 네바다, 플로리다 주 등에서 허용돼 있으며 구글카는 2014년 초 누적거리 50만km를 무사고로 주행한 기록을 보유 중이다. 구글카는 지금 이 순간에도 샌프란시스코 시내, 레이크타호, 실리콘밸리 등지를 질주하고 있다.

구글 글래스의 등장

구글이 2013년 내놓은 혁신 제품 가운데 하나가 구글 글래스(Google Glass)다. 이는 여러 IT 업체에서 출시하고 있는 다양한 웨어러블 기기 중에서도 스마트폰을 대체할 가능성이 가장 높은 것으로 평가받는다.

이 제품은 쉽게 말해 스마트폰이 안경 속으로 들어간 것이다. 구글 글래스는 양손을 사용하지 않고도 눈동자의 움직임과 음성만으로 다양한 조작을 할 수 있다. 또 눈앞에 부착된 큐브를 통해 다양한 증강 현실(Augmented Reality)이 펼쳐진다.

사물인터넷 시대가 되면 사물이 구글 글래스를 통해 사람에게 말을 걸 것으로 보인다. 사용자가 알고자 하는 정보를 언제 어디서든 보여줄 수 있다는 얘기다. 내비게이션 기기가 없어도 운전 중에 구글 글래스의 증강 현실을 통해 길안내를 받을 수 있다. 뇌수술에 임하는 의사는 환자의 상태를 실시간으로 확인하고 지구 반대편에 있는 신경외과 전문의와 실시간으로 정보를 교환하면서 수술을 집도하는 것이 가능해진다.

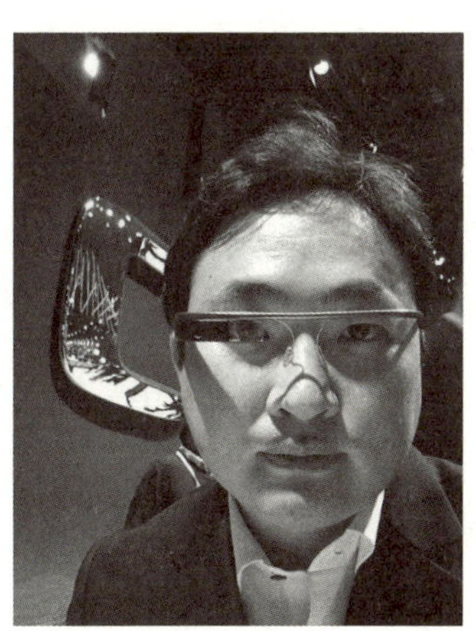

CES2014에서 전시된 구글 글래스를 착용한 모습.

2014년 초 현재 뉴욕경찰청(NYPD)은 구글 글래스가 경찰 업무에 도움이 되는지 테스트하고 있다. 구글 글래스와 연동해 수배자나 전과자를 자동으로 인식하는 애플리케이션(앱)을 개발한다는 목표다. 이는 범죄 현장을 녹화하는 데도 사용할 수 있을 것이다. 구글 글래스는 이미 1만여 명의 일반인들이 참여하는 검증 프로젝트가 진행되고 있으며 2014년 하반기에 공식 출시될 예정이다.

구글 글래스 외에 2013년 구글을 화제에 올린 이슈는 잇단 로봇 관련 업체 인수다. 구글은 2013년 하반기에만 8개의 로봇 또는 인공지능 관련 업체를 인수하며 사람과 비슷한 사고를 하고 움직일 수 있는 '휴머노이드 로봇' 프로젝트에 속도를 내고 있다.

물론 우리가 일반적으로 상상하는 터미네이터와 아톰 등의 사람형 로봇은 아직 먼 미래 이야기다. 그러나 구글은 전 세계에서 가장 앞서가는 로봇 회사들을 잇달아 인수하면서 먼 미래의 일을 현실로 앞당기고 있다.

로봇은 인공 지능을 갖추기 위한 최고의 소프트웨어 기술력과 사람의 활동을 대신할 수 있는 최고 수준의 하드웨어 기술력이 융합되어야 한다. 구글은 휴머노이드 프로젝트를 필두로 최상의 소프트웨어와 하드웨어 기술력을 계속해서 강화해 나갈 것이며 이를 위한 최고의 인재들을 영입한다는 계획이다.

안드로이드 인수한 구글

"사상 최고의 거래(Best deal ever)"

구글의 안드로이드 운영체제(OS) 인수에 대한 2010년 구글 데이빗 로위 부사장의 평가다. 2007년 애플이 아이폰을 출시하자 전 세계 휴대폰 업체는 스마트폰의 가능성에 대해 주목하기 시작했다. 그동안 스마트폰이 없었던 것은 아니다. 노키아가 심비안OS로 스마트폰을 내놓았고 블랙베리도 이메일과 보안 기능이 강력한 스마트폰을 내놓았다.

아이폰이 기존 스마트폰과 다른 것은 '생태계를 갖췄다'는 점이다. 아이튠즈를 통해 다양한 애플리케이션(앱)을 내려 받을 수 있도록 함으로써 스마트폰의 활용도를 높인 것이다. 아이튠즈는 애플에게 꾸준한 수익원도 됐다. 앱이 판매되면 개발자와 애플이 각각 70대 30 구조로 수익을 나누게 되어 있다. 애플로서는 스마트폰이 팔리면 팔릴수록 이익인 데다 여기에 콘텐츠 판매 수익까지 더할 수 있게 된 것이다.

전 세계 휴대폰 업체가 애플의 성공 모습을 지켜봤지만 뾰족한 방법이 없었다. 아이폰의 운영체제인 iOS는 애플이 독점권한을 가지고 있기 때문에 다른 업체에서 이를 활용한 스마트폰을 만들어내는 것이 불가능했다. 당시에는 노키아의 심비안 OS도 폐쇄적으로 운영됐기 때문에 새로운 운영체제에 대한 다른 휴대폰 업체들의 갈망이 컸다. 이에 대한 해답을 준 것이 바로 구글의 안드로이드 OS다.

구글이 안드로이드를 인수한 것은 2005년이다. 구글 창업자인 세르게이 브린과 래리 페이지는 안드로이드 개발자인 앤디 루빈에게 5,000만 달러를 주고 조용히 회사를 사들였다. 앤디 루빈은 구글의 개발자로 남아 안드로이드 개발을 완성했다. 특히 주목할 부분은 당시로서는 미친 생각으로 취급됐던 오픈 OS 정책을 앤디 루빈이 관철시킨 것이다. 비싼 돈을 들여 개발한 소프트웨어를 공짜로 내놓는다는 것에 구글 내 상당수 직원들이 반대했지만 앤디 루빈은 뜻을 굽히지 않았다. 결과적으로 이는 전 세계 스마트폰 10대 가운데 7대가 안드로이드 OS를 사용하게 만드는 성공적인 결과로 이어졌다.

구글은 안드로이드를 바탕으로 2007년 10월에 '오픈 핸드셋 얼라이언스(OHA)'를 결성했다. 우리말로 번역하면 '개방형 휴대전화 연합' 정도가 되는 OHA에는 삼성전자와 LG전자를 포함해 대만 HTC, 미국 모토롤라와 퀄컴, 독일 T모바일, 일본 NTT도코모 등이 참여했다. 휴대전화 제조업체부터 통신사, 칩셋 업체까지 다양했다. OHA 결성과 함께 구글은 개방형 운영체제인 안드로이드를 발표했다.

구글의 안드로이드는 리눅스를 기반으로 개발됐다. 애플의 iOS와 유사한 기능을 갖추고 있지만, 애플에서만 사용될 수 있는 iOS와 달리 안드로이드는 모든 휴대폰 제조업체가 자신에게 맞도록 무료로 사용할 수 있는 것이 특징이다.

구글은 안드로이드를 무료로 배포한 대신 애플의 아이튠즈와 유사한 안드로이드 전용 앱 판매 서비스인 '안드로이드 마켓'이라는 생태계를 만들었다. 아이튠즈에서 앱 판매 시 애플이 30%의 수익을 가져가는 것과 달리 구글은 통신사가 30%의 몫을 갖도록 했다. 초기에 안드로이드가 빠르게 정착할 수 있었던 것은 이러한 구글의 인센티브 정책에 호응해 여러 통신사들이 민첩하게 움직였기 때문이었다.

최초의 안드로이드폰은 2008년 10월 미국에 출시된 HTC 'G1'이다. '드림'이라는 제품명으로 불린 이 스마트폰은 3.2인치의 크기와 320×480 해상도를 갖춘 터치스크린 LCD를 탑재했고 쿼티(QWERTY) 방식의 슬라이드 키보드를 가진 것이 특징이었다. G1은 출시 당시 안드로이드 마켓을 지원하지 않았고 초기 버전이라 소프트웨어 결함도 많았지만 아이폰에 대항하는 첫 작품이라는 점에서 세계적인 관심을 끌면서 100만 대 이상 판매되는 성과를 거뒀다.

안드로이드폰이 본격적으로 주목받은 것은 2009년 10월에 모토롤라에서 출시한 '드로이드' 때부터다. 안드로이드 2.0 운영체제를 탑재한 이 제품은 출시 3개월 만에 100만 대를 넘어서는 등 한 때 아이폰의 판매량을 능가하기도 했다. 드로이드도 좋은 평가를 받았지만 전 세계에서 안드로이드폰의 대표작으로 꼽히는 것은 삼성전자의 갤럭시 시리즈다. 2010년 첫 모델이 출시된 갤럭시S는 2014년 갤럭시S5가 출시될 때까지 안드로이드 프리미엄폰의 이미지를 굳혔다.

인터넷 시대의 강자였던 구글이 모바일 시대의 강자로도 군림하게 된 것은 안드로이드 덕분이다. 안드로이드의 가장 큰 장점은 개방성과 다양성이다. 구글이 적지 않은 개발비를 들인 안드로이드를 무료로 배포하면서 애플에 대항하는 스마트폰 생태계를 갖추고 모바일 광고와 검색에서 우위를 점하게 됐다.

구글, 사악해지지 말아주세요

구글은 온라인 세상을 넘어 우리가 오프라인 세상에서 시간을 보내는 공간과 사물을 인터넷으로 연결하고 있다. 구글은 자동차와 책상, 의자, 심지어 탁자 위 수저에 이르기까지 우리 주변의 모든 사물을 제어할 수 있는 강력한 플랫폼을 이미 보유하고 있다. 이것이 바로 안드로이드다.

전 세계 스마트폰의 80%는 구글의 안드로이드 운영체제를 기반으로 작동된다. 그러나 안드로이드는 단순히 스마트폰 운영체제에 머무르지 않는다. 이미 안드로이드는 사물이 인터넷으로 연결되어 서로 소통할 수 있는 운영체제로 진화하고 있다. 로봇에서부터 자동차, 스마트 홈에 이르기까지 모든 기기를 연결하는 플랫폼이다. 이 플랫폼을 통해 세상 사물들은 서로 소통하면서 사람들에 대한 각종 정보를 구글에게 가져다 줄 것이다. 구글은 이미 사물인터넷 시대에서 승자가 되기 위한 강력한 무기를 갖고 유리한 고지를 점령한 상황이다.

구글의 비공식 표어이자 모토는 '사악해지지 말자(Don't be evil)'다. 이는 구글 내부 회의 때 지메일(Gmail)의 개발자 등이 제안한 것으로 '나쁜 짓을 하지 않고도 돈을 벌 수 있다는 것을 보여주자(You can make money without doing evil)'는 의미를 담고 있다.

2030년 초연결 디지털 사회에 본격화될 스마트 홈은 나와 우리 가족의 생활 패턴에 맞게 스스로 운영되고, 자동차는 이동 수단을 넘어 인포테인먼트(Infotainment)와 결합된 또 다른 생활의 공간이 된다. 우리는 컴퓨터를 입고 다니며, 그것은 나의 몸 상태를 24시간 모니터링해 건강을 관리해준다. 또 나의 모든 활동을 기록해 데이터로 축적한다. 내가 무엇을 먹는지, 느끼는지, 어디로 가고 싶은지에 대해 컴퓨터가 나보다 나를 더 잘 아는 세상이 되는 것이다.

이런 세상에서 모든 정보는 구글의 안드로이드 플랫폼을 통해 교류된다. 우리 자신은 안드로이드@홈, 구글카, 구글 글래스, 구글 옷, 콘택트렌즈, 구글 로봇, 그리고 우리에게 아직 알려지지 않은 구글 제품들에 의해 읽혀진다. 사물인터넷 시대를 장악하려는 구글의 야심이 성공한다면 우리는 구글의 모토 앞에 '제발(please)'이라는 단어를 붙여야 할지도 모른다.

Chapter **02**

갤럭시 혁신 일궈낸 삼성전자

휴대폰 1위 업체 노키아만 보고 쫓아가던 삼성전자는 2009년 방향을 잃고 만다. 1등 업체 노키아를 열심히 벤치마킹하며 패스트 폴로어(Fast Follower) 전략으로 추격해왔는데 어느덧 세상은 스마트폰이 중심이 되어 버렸기 때문이다.

2007년 애플의 아이폰 출시 이후 전 세계 스마트폰 시장은 격변을 겪었다. 1위 업체 노키아도 방향을 잃고 헤맸지만 삼성전자의 충격은 더 컸다. 새로운 시장에서 적응하기 위해 삼성전자는 서둘러 윈도우OS를 탑재한 스마트폰인 옴니아 시리즈를 내놓는다. 결과는 처참한 실패. 아직도 국내에서는 옴니아를 성토하는 인터넷 카페를 심심찮게 찾아볼 수 있고, 삼성전자에서도 옴니아는 하나의 금기어로 통한다.

안드로이드에 승부 걸다

옴니아를 통해 스마트폰의 쓴맛을 본 삼성전자가 주목한 것은 구글의 안드로이드 운영체제(OS)였다. 개방형 오픈 소스인 안드로이드 OS를 적극적으로 채택해 제품 개발에 나선 삼성전자는 혁신의 아이콘이 된 갤럭시S 시리즈를 시장에 내놓게 된다.

2010년 3월 미국 라스베이거스 북미무선통신박람회(CTIA)에서 처음 소개된 갤럭시S는 구글의 안드로이드OS와 4인치 화면을 탑재한 삼성전자의 실질적인 첫 스마트폰이었다. 삼성의 모든 기술능력을 쏟아 부었지만 시장에서의 첫 반응은 신통치 않았다. 모든 면에서 애플 아이폰을 닮은 기능 때문에 전문가들이 혹평을 쏟아낸 것이다.

하지만 삼성전자는 특유의 마케팅 능력을 발휘해 7개월 만에 갤럭시S를 텐 밀리언 셀러(1,000만 대 판매) 반열에 올려놓았다. 이는 '스마트폰=아이폰'으로 굳어진 사람들의 고정관념을 깰 뿐만 아니라, 삼성전자에도 스마트폰 시장에서 성공할 수 있다는 가능성을 보여준 것으로 평가받는다.

삼성전자에 스마트폰 혁신의 성과를 본격적으로 안겨준 것은 1년 뒤에 출시된 갤럭시S2다. 기존 모델보다 더 커지고, 더 선명해지고, 더 빨라진 S2는 5개월만에 1,000만 대 판매 고지를 돌파했다. 삼성전자의 도전에 느긋해하던 애플이 긴장감을 갖기 시작한 것은 이 때부터다. 갤럭시 시리즈의 성공에 당황한 애플은 결국 2011년 4월 특허소송을 제기하기에 이른다.

매년 새로운 스마트폰을 내놓던 삼성전자는 S3와 S4에 이어 2014년에는 S5까지 선보였다. S3는 사용자의 얼굴과 눈, 음성 등을 인식하는 사용자환경을 제공해 출시 50일 만에 1,000만 대 판매를 넘어섰다. S3 출시와 함께 삼성전자는 처음으로 세계 스마트폰 시장 점유율을 30% 이상으로 높였고 애플과의 격차도 10% 포인트 이상 벌렸다. 2013년에 출시된 S4는 불과 27일 만에 1,000만 대 판매라는 기록을 달성했다. 1초에 4대씩 판매된 것이다.

삼성전자는 갤럭시S 시리즈 외에 화면 크기를 더욱 확장한 갤럭시 노트를 함께 내놓는 쌍두마차 전략을 펼쳤다. 갤럭시 노트는 틈새시장을 공략한 제품이었지만 시장에서 뜨거운 반응을 보이며 갤럭시S를 보완하는 또 하나의 캐시카우로 성장했다.

시장조사업체 스트래티지애널리스틱에 따르면 2010년만 해도 삼성전자의 글로벌 스마트폰 시장 점유율은 8.0%로 애플 15.9%의 절반 수준에 불과했다. 2011년 19.9%의 점유율로 애플의 19.0%를 제치고 1위에 나선 삼성전자는 매년 그 격차를 벌려

나갔다. 2013년에는 삼성전자의 점유율이 32.3%로 애플 15.5%의 두 배에 이르렀다.

웨어러블 기기에 올-인

"삼성전자는 웨어러블 기기의 개척자가 되겠다(신종균 삼성전자 IM부문 사장)."

사물인터넷 시대가 본격적으로 다가오는 가운데 이를 구현할 장비인 웨어러블 기기에 대한 관심이 높다. 그동안 '갤럭시S' 시리즈로 통하는 스마트폰을 통해 관련 분야를 선도해 온 삼성은 최근 웨어러블 기기에 회사의 역량을 집중하고 있다.

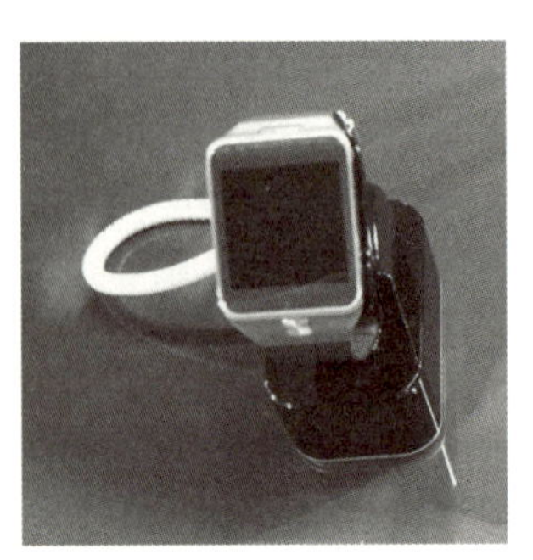

삼성 기어2

삼성전자가 처음 내놓은 웨어러블 기기는 2013년 출시한 시계 타입의 '갤럭시 기어'다. 갤럭시 기어는 안드로이드와 연동되는 스마트 시계다. 시계를 통해 전화를 받을 수도 있고 문자메시지 확인도 가능하다. 시계줄에 달린 190만 화소 카메라를 통해 사진도 찍을 수 있다. 음성인식

기능이 있어 버튼을 누를 필요 없이 '카메라'라고만 얘기해도 충분하다.

삼성전자가 야심차게 내놓은 제품이지만 갤럭시 기어는 시장에서 좋은 반응을 얻지 못했다. 갤럭시 시리즈의 스마트폰만 연동되는 것이 제일 큰 문제였고 무엇보다 디자인에서 좋지 않은 평가가 많았다. 생각보다 갤럭시 기어로 할 수 있는 기능이 제한된 것도 단점이었다. 속도가 느리다는 불만도 많았다. 판매량도 100만 대에 그쳤다.

갤럭시 기어의 실패를 발판으로 삼성전자는 2014년 세계 최대 정보통신전시회인 'MWC(모바일 월드 콩그레스) 2014'에서 웨어러블 기기 3종을 한꺼번에 출시했다. 갤럭시 기어 후속작인 '삼성 기어2', '기어 네오', '기어 핏'이 그것이다.

이 가운데 가장 큰 주목을 받은 것은 피트니스 기기인 '기어 핏'이다. IT 전문 매체인 〈테크크런치〉는 "기어 핏은 바르셀로나에서 발표된 것 중 가장 흥미로운 기기"라는 평가를 내렸으며 〈비즈니스인사이더〉는 "기어 핏은 우리가 그동안 기다렸던 기기"라며 극찬을 아끼지 않았다. 국내 소비자들의 반응도 좋았다. 삼성전자가 웨어러블 기기에 대한 방향성을 제대로 잡았다는 평가가 나왔다.

기어 핏은 웨어러블 기기 가운데 최초로 1.84인치 크기의 휘어지는 디스플레이를 채택했다. 전화 수신과 이메일 체크, 문자메시지 전송, 일정 알림 등과 같은 기능에 헬스케어에 필요한 심박수 측정과 운동량 측정 기능 등이 추가됐다. 패션 요소를 고려해 시계줄을 갈아끼울 수 있도록 했고 삼성 기어2에 비해 크기도 절반 정도로 줄였다.

삼성전자는 2013년 2월, 미국 실리콘밸리에 11억 달러 규모의 벤처펀드 조성을 통해 삼성 오픈이노베이션센터(OIC)를 설립하고 사물인터넷과 웨어러블 컴퓨팅 시대에 본격적으로 대비하고 있다. 삼성전자만의 고유한 단말기와 서비스 생태계를 구축하는 '하드웨어+서비스' 전략의 일환이다. 이를 통해 향후 스마트 홈과 스마트카 등 새로운 영역으로 영향력을 확대하는 발판을 만들겠다는 것이다.

삼성전자는 인터넷을 통해 연결된 물체의 데이터를 수집·활용하는 기술을 적극적으로 개발 중이다. SAMI(Samsung Architecture for Multimodal Interactions)으로 이름 붙여진 프로젝트는 웨어러블 기기와 홈오토메이션 장비, 자동차 등 간의 소통을 목적으로 하고 있다.

웨어러블 기기는 앞으로 패션코드와 결합해 급속하게 성장할 것으로 예상된다. 특히 스마트폰 이후 새로운 기기에 목말라 있던 세대들에게 새로운 아이덴티티를 줄 수 있는 제품으로 자리매김할 것으로 보인다. 시장조사기관 스트래티지애널리틱스는 웨어러블 기기인 스마트워치 판매량이 2013년 100만 대에서 2014년에는 600% 성장한 700만 대에 이를 것으로 예상했다. 2015년에는 1,000만 대를 돌파해 2,340만 대까지 커지고 2017년에는 5,510만 대에 이를 전망이다.

웨어러블 기기에 대한 삼성전자의 공격적인 행보에 대해 잔뜩 긴장하고 있는 곳은 구글이다. 구글은 웨어러블 기기에 사용될 수 있는 운영체제(OS)인 '안드로이드 웨어'를 공개하고 이를 장착한 첫 제품을 LG전자와 모토롤라를 통해 출시했다. 삼성전자는 웨어러블 기기 OS로 독자 개발한 타이젠을 사용하고 있다. 삼성전자와 구글 간의 OS 전쟁은 이미 시작된 것이나 다름없다.

애플 역시 웨어러블 기기 시장에 대한 관심이 높다. 안드로이드 진영에 맞서 애플의 iOS 운영체제를 기반으로 한 '아이워치'를 2014년 하반기 중에 출시할 것으로 전망된다. 아이워치는 애플 고유의 디자인을 계승하면서 스마트폰, 태블릿PC와의 연동 기능에 다양한 헬스케어 기능을 탑재할 것으로 예상된다.

Chapter **03**

똑똑한 지구를 추구하는 IBM

100년이 넘는 역사를 가진 IBM은 미국에서 가장 오래된 정보통신기술(ICT) 기업 가운데 하나로 꼽힌다. IBM은 회사 로고가 파란색이고 주식도 우량주식(블루칩)에 속하기 때문에 '빅 블루(Big Blue)'라는 애칭으로 불린다. 천공카드 시스템을 고안한 허먼 홀러리스가 1896년 창업한 제표기기회사가 1911년에 국제시간기록회사 등과 합병해 세운 회사가 IBM의 전신이다.

IBM이 오늘날의 모습을 갖춘 것은 1924년 토머스 왓슨 주니어가 PC를 개발하면서부터다. IBM은 PC를 개발한 뒤 내부를 공개함으로써 많은 업체들이 PC 주변기기를 개발할 수 있도록 했다. 전 세계 PC산업이 오늘날과 같은 모습을 갖추게 된 이유로 IBM의 개방정책을 거론하는 사람들이 많다.

2000년대 들어 신흥 ICT 업체들이 등장하면서 IBM은 위기에 빠진다. 이에 따라 기존 PC 사업부를 중국 레노버에 매각하는 등 적극적인 구조조정을 통해 현재 서비스와 컨설팅 비중이 강화된 회사로 남게 됐다.

스마터 플래닛 프로젝트

100년 역사의 IBM이 최근 적극적으로 추진하는 프로젝트는 더 똑똑한 지구를 의미하는 '스마터 플래닛(Smarter Planet)'이다. ICT산업을 이끌어온 리더로서 '기술변화를 수용하는 수준'을 넘어 '사회 변화를 리드'해야겠다는 신념에서 나온 비전이다.

오늘날 많은 나라가 심각한 자원 부족 상태에 있다. 이를 해결하려면 새로운 자원을 개발하는 방법도 있지만 이미 주어진 한정된 자원을 좀 더 효율적으로 사용하는 방법도 있다. IBM의 스마터 플래닛은 후자에 집중한 것이다. IBM은 우리가 시스템을 조금만 더 스마트하게 만들기만 하면 개선될 수 있는 부분이 전 산업에 걸쳐서 존재한다고 생각한다.

예를 들어 전 세계 국가의 전력망이 비효율적인 요소로 인해 연간 40~70%의 에너지를 낭비하고 있다고 IBM은 분석한다. 또 미국은 오직 교통체증 때문에 연간 780억 달러(약 81조 9,000억 원)의 비용, 42억 시간의 노동, 29억 갤런(110억 리터)의 휘발유가 낭비되는 것으로 조사됐다. 보건 시스템도 마찬가지다. 진단과 처방, 투약에 있어서 병원과 보험사, 환자는 어떠한 정보도 실시간으로 공유하지 못하기 때문에 '시스템'이라고 부르기도 민망할 정도다.

IBM은 이러한 낭비를 없애고 모든 시스템을 '스마트'하게 만들 수 있는 시대가 왔다고 주장한다. 바로 3I(Instrumented, Interconnected, Intelligent)의 요소가 충족될 수 있기 때문이다. 세상 모든 사물에는 센서가 존재하게 되고(Instrumented), 그 모든 사물들이 상호 통신을 하며(Interconnected), 이러한 빅데이터를 해석할 수 있는 능력이 발달된(Intelligent) 세상이 눈앞에 다가왔다는 점에서다.

IBM은 앞으로 리더의 핵심 경쟁 우위는 스마트한 데이터 활용 능력을 통한 효율성 개선 능력이 될 것이라고 믿고 있다. IBM은 수많은 시스템 중에서도 비효율의 정도가 크고 개선의 가능성이 높은 헬스케어, 석유와 가스, 에너지와 발전소, 교통, 통신, 소매업, 금융, 정부 등의 분야를 선정해 효율성 개선에 나서고 있다.

스마트 전략망 통한 에너지 절감

미래의 전력망은 우리가 20세기에 구축했던 것과는 전혀 다른 모습을 띌 것이다. 20세기 전력망 내에서 에너지의 흐름은 한 방향으로만 흘렀다. 다시 말해 발전소에서 생산된 전기가 고지서와 함께 가정으로 전달되는 방식이다.

앞으로의 전력망은 지금까지처럼 전기가 소비자에게로 흘러가지만, 그와 동시에 소비자의 전기 사용 정보 역시 발전소로 흘러갈 전망이다. 양방향 소통이 진행되는 것이다. 이렇게 되면 발전소는 구역 내 모든 전기 사용자의 사용 패턴을 알기 때문에 정전이나 갑작스러운 전력난에 미리 대비할 수 있게 된다. 특정 월이나 특정 일에 전기 사용량이 증가할 가능성을 미리 파악해 발전량을 늘리는 등의 대처가 가능해진다는 설명이다.

미래의 전력망은 에너지 발전과 이를 저장하는 방식을 실시간으로 조정할 수 있게 만든다. 수력이나 화력, 원자력, 풍력, 태양광 에너지가 개별적인 시설로 존재하는 것이 아니라 하나의 큰 시스템 안에서 컨트롤된다는 의미다. 특히 전력 생산량을 조절하기 어려운 대체에너지는 그 효율성을 극대화할 수 있게 된다.

예를 들어 어느 도시의 하루 전력 소비량이 100이라고 할 때,

풍력 에너지가 50을 생산할 수 있는 날에는 화력 에너지를 50만 발전하면 된다. 풍력 에너지가 20밖에 생산하지 못할 경우 화력 에너지로 80을 생산해 부족분을 효율적으로 보충한다는 구상이다.

도시 전체뿐 아니라 한 가정 내에서도 전력 시스템은 스마트하게 운영될 수 있다. 예를 들어 전기세가 가장 저렴한 시간대를 미리 알 수 있다면 그 시간에 맞춰 세탁기를 돌리는 일이 가능해진다.

글로벌 리더는 이미 움직이고 있다

IBM이 100년 넘게 성공적인 기업으로 유지될 수 있었던 이유는 산업의 트렌드가 변화하고 기업에 위기가 찾아올 때마다 변화를 두려워하지 않았기 때문이다. 1990년대까지 IBM은 세계 제일의 하드웨어 업체였다. 그러나 2000년대에 접어들면서 하드웨어의 부가가치가 하락했다. 더 이상 PC를 만드는 일이 선진국만의 전유물이 아니게 된 것이다.

이 때 IBM은 과감하게 하드웨어 사업부를 매각하고 솔루션 중심의 서비스 업체로 성공적인 변신을 단행했다. 2010년대 중반에 접어든 지금 IBM은 소프트웨어 비즈니스로의 변신을 또 한 번 준비하고 있다. 수주 방식으로 진행되는 그 동안의 서비스업에 비해 소프트웨어 비즈니스는 영업이익률이 매우 높고, 시장의 성장세가 가파르며, 독자적으로 판매할 수 있는 장점이 있다. 다가오는 사물인터넷 시대에서도 IBM은 선두 자리를 굳건히 유지함과 동시에 고수익 소프트웨어 비즈니스에 집중하겠다는 전략인 것이다.

이러한 비전의 실현을 위해 IBM은 매우 공격적으로 움직이고 있다. 2010년 1월부터 2013년 2월까지 IBM이 진행한 총 33건의 인수합병(M&A) 중 22건이 사물인터넷과 관련된 인수였다. 2010년에는 데이터 분석 솔루션 사업을 강화하기 위해 데이터웨어하우스 업체를 16억 달러(약 1조 6,800억 원)에 인수했으며, 2013년에는 자사의 클라우드 컴퓨팅 부문을 강화하기 위해 세계 최대의 폐쇄형 클라우드 업체를 20억 달러(약 2조 1,000억 원)에 사들였다.

여기에서 그치는 게 아니라 2013년 초에 발표한 사업보고서에 따르면 IBM은 2016년까지 200억 달러(약 21조 원)를 추가로 M&A에 투자할 예정이다. 스마터 플래닛에 대한 IBM의 굳은 비전과 의지를 확인할 수 있는 대목이다.

궁극적으로 IBM은 2010년 30억 달러(약 3조 1,500억 원)인 스마터 플래닛 관련 매출을 2015년 100억 달러(약 10조 5,000억 원)까지 끌어올리겠다는 계획이다. IBM은 스마터 플래닛의 비전을 실현함으로써 인프라부터 소프트웨어까지 완벽한 일관 체제를 실현하려는 야심을 키우고 있다.

Chapter 04

만물인터넷(IoE)을 지향하는 시스코

시스코는 여러 정보통신기술(ICT) 업체 가운데 사물인터넷을 가장 적극적으로 추진하는 곳 중 하나다. 사물인터넷은 IoT라는 용어로 많이 알려져 있지만, 시스코는 특이하게 IoE(Internet of Everything)라는 용어를 사용한다. 사물(Thing)을 넘어서 만물(Everything)로 진화하고 있다는 것이 시스코의 판단이다.

시스코의 사물인터넷 전략은 도시의 변화다. 2013년 스페인 바르셀로나와 시스코는 도시 전체에 사물인터넷을 적용해 인간 삶의 질을 높이겠다는 계획을 세웠다. 목표는 시 전체에 500km의 네트워크를 깔고 500개의 무선인터넷 핫스팟을 제공해 도시 전체가 연결된 공간으로 만들겠다는 것이다. 현재 시범적으로 바르셀로나 도심 한복판인 본(Born) 지구에서 사업이 진행 중이다.

바르셀로나에 설치된 시스코의 사물인터넷 기기. 왼쪽은 스마트 가로등, 오른쪽은 스마트 교통 서비스.

핵심 사업은 스마트 파킹과 스마트 가로등, 스마트 쓰레기통으로 요약된다. 시스코는 본 지구 공용 주차장에 7년 간 충전 없이 사용할 수 있는 15cm 크기의 센서를 부착했다. 이 센서는 쇳덩이(자동차)를 자동으로 감지해 주차여부를 확인한 뒤 이를 인근 가로등에 설치된 와이파이 핫스팟으로 전송한다. 스마트폰을 통해 바르셀로나시 애플리케이션에 접속하면 실시간으로 본 지구의 주차현황을 알 수 있다.

주차를 위해 돌아다니는 차로 인한 교통혼잡을 줄이고 주차장 징수 요금을 늘리는 1석 2조의 효과를 거둘 수 있다는 것이 시스코의 분석이다. 사람들은 전체 수명 중 4년을 빈 주차공간을 찾는 데 보낼 정도로 이로 인한 부작용이 컸다. 또한 스마트 파킹으로 인해 교통혼잡을 14% 정도 줄일 것으로 기대된다.

본 지구에 설치된 스마트 가로등은 무선인터넷 중계기 역할을 함과 동시에 센서를 통해 소음 수준과 공기오염도, 사람들의 밀집 상황까지 파악한다. 이를 통해 LED 조명의 빛 세기를 조절하고 수집된 정보는 시 정책에 반영한다. 시스코는 이를 통해 연간 전기료의 30%가 절감될 것으로 기대하고 있다. 현재 100개 수준인 스마트 가로등을 도심 전역으로 확산시키는 작업이 진행 중이다.

스마트 쓰레기통은 쓰레기통 상단에 센서를 다는 것으로 가능해졌다. 센서가 무게를 측정한 후 이를 실시간으로 쓰레기 수거업체에 전달해 일정 무게 이상이 되면 쓰레기차가 이를 수거해 가는 방식이다. 센서를 통해 이미 쓰레기통의 무게를 알기 때문에 여러 개의 쓰레기통이 늘어서 있어도 뚜껑을 열어볼 필요 없이 수거해야 할 쓰레기통을 정확히 알 수 있다.

시스코는 바르셀로나의 스마트 시티 프로젝트로 인한 부가가치를 다음과 같이 계산하고 있다. 스마트 물 관리 시스템을 통해 연간 5,800만 달러(약 600억 원)의 비용이 절약됐고, 스마트 주차 시스템을 통해 적재적소에 차량을 배치함으로써 주차수입을

5,000만 달러(약 525억 원)나 늘렸다. 또 스마트 시티 관련 사업으로 4만 7,000개의 새로운 일자리가 창출됐고 이를 벤치마킹하기 위해 전 세계 180여 곳의 시장들이 이 곳을 방문했다고 한다.

Chapter **05**

드론으로 물류 배달에 나선 아마존

미국 LA 시내에 살고 있는 주부 제니퍼는 아기 기저귀를 구매하기 위해 아마존에 접속했다. 평소 늘 구매하던 기저귀 대신 한번쯤 사용해 보고 싶었던 프리미엄 라인 상품이 할인된 가격으로 메인 페이지에 올라와 있다. 제니퍼는 망설임 없이 메인 페이지의 기저귀 구매 버튼을 누른다. 구매 후 불과 30분 뒤에 초인종이 울린다. 제니퍼가 현관문을 열면 택배기사가 아닌 무인수송기 드론(Drone)이 기저귀를 싣고 집 앞 정원에 착륙하고 있다.

허무맹랑한 소설 같지만 이것은 2018년 미국에서 실제로 벌어질 일이다. 2013년 12월, 아마존 최고경영자(CEO) 제프 베조스는 "4~5년 뒤 미국연방항공청(FAA)의 허가를 받아 드론 배달을 실현하겠다"고 밝혔다.

제프 베조스는 애플의 스티브 잡스 이후 최고의 혁신가로 꼽히는 인물이다. 1995년 온라인 서점 성공으로 시작해 점차 판매 상품을 전 소비재 영역으로 확대했고 2007년에는 킨들(Kindle)을 출시해 전 세계에서 전자책 열풍이 일도록 했다.

이렇게 아마존은 '누가 물건을 직접 보지도 않고 주문하겠는가?', '누가 책을 모니터 기기로 읽으려 하겠는가?'라는 다수의 의구심에도 불구하고 사업을 성공적으로 확장해왔다. 그리고 지금 아마존은 사물인터넷을 이용한 대대적인 물류 시스템의 혁신을 꿈꾸고 있다.

CES2014에서 한 벤처기업이 전시한 무인비행기 드론.

주문 후 30분 내 배달 완료

아마존이 발표한 '프라임 에어(소형 무인기 드론을 이용해 30분 내에 배달하는 서비스)'는 드론을 포함한 물류 시스템의 모든 요소들이 사물인터넷을 통해 연결된 결과다.

고객이 온라인으로 주문을 하면 고객의 주문 정보가 해당 지역의 물류창고로 자동 전송된다. 고객이 주문한 상품은 배달상자에 담겨 컨베이어 벨트 위에 놓여진다. 고객이 주문 버튼을 누름과 동시에 배송 주소를 자동으로 전달받았던 '옥토콥터(프로펠러가 8개 달린 무인 수송 드론)'는 컨베이어 벨트에 담긴 배달 상자를 들고 날아오른다. 사람의 조종이 필요 없는 드론은 위성항법장치(GPS)를 이용해 스스로 고객의 주소를 정확히 비행해 찾아가 현관 앞에 배달상자를 내려놓는다.

소비자 입장에서 프라임 에어의 가장 큰 장점은 빠른 배송 시간이다. 도심에 있는 물류 센터로부터 반경 16km까지 택배서비스가 가능하다. 택배 기사가 일괄적으로 주문량을 전달받아 제품을 배송하는 기존의 시스템에서는 최소 1~2일의 시간이 필요했지만 프라임 에어는 30분이면 충분하다. 제프 베조스는 2.3kg 이하의 소형 제품에 프라임 에어 서비스가 적용될 수 있다고 보고 있다. 현재 아마존 거래물품 가운데 90%가 여기에 해당된다.

사기도 전에 미리 배송?

빅데이터라는 용어가 널리 사용되기도 전에 빅데이터에 가까운 개념의 서비스를 제일 먼저 실행했던 회사가 아마존이다. 온라인 쇼핑은 물건을 직접 보고 구매할 수 없다는 단점이 있지만 고객의 구매정보가 고스란히 데이터화될 수 있다는 장점도 있다.

아마존은 고객이 자신의 아이디로 로그인해 수행하는 모든 행위(주문, 반품, 관심 상품 보기, 특정 페이지에 머무르는 시간, 주문에 앞서 고민하는 시간 등)를 서버에 저장한다. 이렇게 고객에 대한 자료를 수집하고 나면 이 자료들을 바탕으로 고객을 이해하기 위한 분석이 시작된다.

아마존은 이를 통해 고객 자신도 모르는 고객의 취향을 알 수 있게 되고 최적의 제품을 고객에게 먼저 제안하게 된다. 아마존은 이러한 온라인 쇼핑의 가치를 빠르게 간파해 이메일 추천 마케팅을 도입함으로써 큰 성공을 거두었다.

이렇게 빅데이터를 이용한 고객 이해의 선구자적인 입지를 남긴 아마존은 또 다른 파격 행보를 제안했다. 아마존은 2013년 12월에 고객이 구매하기 전 미리 배송을 준비하는 '예상 배송' 서비스에 대한 특허를 취득했다. 고객이 물건을 살지 아닐지도 모르는 상황에서 고객 주소지 근처의 물류창고로 배송을 시작하는 것이다.

이러한 자신감은 빅데이터 분석 역량에 대한 아마존의 확신에서 나온다. 아마존은 소비자가 어떤 물건을 평소에 자주 구매하는지, 어떤 물건에 관심이 많은지 등을 정확하게 파악하고 있다. 과거 구매 내역과 관심 물품 목록, 검색 기록과 반품 목록 등을 이용해 사용자 자신보다 사용자를 더 잘 이해하는 것이다.

물론 예측이 실패했을 경우에 발생하는 비용은 분명히 존재한다. 아마존은 이런 상품들에 대해서는 할인된 가격으로 고객에게 판매하거나 기부를 통해 해결할 수 있다는 입장이다.

다가오는 미래 유통산업에 있어서 고객 구매 이력의 빅데이터 가치는 값을 매길 수 없을 정도로 엄청난 것이 될 것이다. 2013년 8월 신문사인 〈워싱턴 포스트〉를 파격 인수한 아마존 창업자 제프 베조스는 고객을 이해하기 위해 미디어까지 동원할 것으로 보인다. 소프트웨어에서부터 하드웨어까지 전 방위 혁신을 이어나가고 있는 아마존이 어떤 거대한 그림을 그리고 있는지 지켜봐야 할 것이다.

Chapter 06

산업인터넷의 개념을 밝힌 GE

IoT는 센서와 데이터, 그리고 클라우드 등 3가지 요소에 의해 작동된다. IoT 하면 ICT, 즉 정보통신기술 분야의 혁명으로 인식하기 쉽다. IoT가 ICT산업에 큰 충격을 가져올 것은 분명한 사실이지만, 실제로 적용이 빠르게 진행되고 있는 곳은 다름 아닌 제조업 현장이다.

제조업에서 IoT에 주목하는 데는 세 가지 이유가 있다.

첫째는 IoT가 제조업 자체를 서비스화시켜 산업의 본질을 바꾸고 있기 때문이다. 엔진을 만드는 GE(제너럴일렉트릭)나 롤스로이스 등의 기업에서 제품 판매보다 서비스 매출 비중이 높아지는 현상이 바로 여기에 해당한다.

둘째는 IoT가 기존 생산품과 접목해 전혀 다른 산업을 만들기 때문이다. 무인차가 대표적이다. 자동차 패러다임이 무인차로 바뀌면서 자동차산업 자체가 바뀌고, 부품과 서비스 등 전후방 산업 자체에도 지각변동을 가져온다.

셋째는 제조업 생산현장에서 벌어진다. IoT는 제품을 만들어내는 제조업 공장에 큰 변화를 가져온다. 에너지 분야와 운송 물류 분야의 혁신을 가져온다. 기업을 상대하는 GE가 산업인터넷이라는 개념을 들고 나와 가장 발 빠르게 도전하고 있는 분야다. 제조업 혁신은 IoT라는 신개념 패러다임이 3D프린팅 등 새로운 형태의 제조방식과 결합하면서 더 파괴적인 충격을 가져오고 있다.

GE는 100년 이상 글로벌 제조업의 강자로 군림해 왔다. 발명왕 에디슨이 설립한 GE는 조명, 운송, 발전, 의료 등 다양한 산업에 걸쳐 수천 개의 특허와 노벨상 수상 과학자를 배출하기도 했다. GE의 크로톤빌 연수원은 혁신의 상징처럼 여겨져 왔다. 혁신을 배우려는 전 세계 경영자들이 크로톤빌 연수원을 거쳐 갔다.

혁신의 대명사인 GE가 최근 관심을 기울이고 있는 화두는 '산업인터넷'이다. 산업 혁명과 인터넷 혁명에 이어 명실상부하게 산업과 인터넷이 결합하는 시대가 오고 있다는 의미에서 산업인터넷 혁명을 화두로 던졌으며, 이를 가능하게 하는 핵심기술이 바로 IoT다.

제프리 이멜트 GE 회장은 "100년 동안 GE의 근간이었던 기계적 세상이 분석적 세상과 분리돼 생각하던 시대는 끝났다"고 단언하고 있다. 제조업의 상징이었던 GE가 새로운 시대의 도래를 선언한 것이다.

GE가 얘기하는 산업인터넷은 기계와 사람이 연결돼 기존의 시스템을 가장 효율적으로 운영하도록 한다. 예를 들어 공항에

| GE의 산업인터넷 |

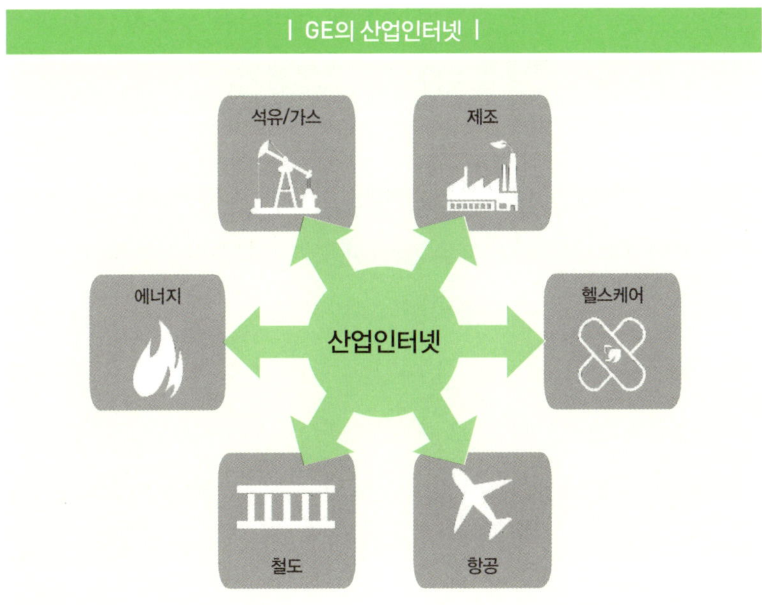

도착한 비행기의 엔진을 점검하려면 정비소에 들어와야만 가능하다. 하지만 엔진에 센서가 달려 운항 정보를 실시간으로 파악하면 비행 시, 이착륙 시에 실시간으로 엔진 상태를 파악할 수 있다. 단순히 엔진 상태를 모니터링하는 것이 아니라 데이터를 모두 축적하고 분석해 효율적인 운영이 가능해지는 것이다.

비행기 엔진은 하나의 사례에 불과하다. 발전소의 가스터빈이나 병원의 MRI 촬영기에 이르기까지 많은 기계들이 날마다 수많은 데이터를 생산한다. 기존에 단순히 기계로서의 임무만 수행했던 것들이 이제는 지능이 결합돼 데이터를 생산하는 서비스 기계로 변모하게 되는 것이다.

GE는 왜 이런 시대를 산업 혁명, 인터넷 혁명과 맞먹는 또 다른 혁명의 시대로 보고 있는 것일까. 산업인터넷이 갖는 가장 큰 의미는 다름 아닌 '생산성 혁명'이다. 사실 제조업에서는 워낙 생산성 혁신운동이 지속돼 더 이상의 생산성 혁명은 없을 것이라는 극단적인 주장까지 나오고 있다.

하지만 이멜트 회장은 산업인터넷 시대를 맞아 이전과는 전혀 다른 차원의 생산성 혁신 물결이 다가올 것이라고 믿고 있다. GE는 생산성 혁신의 새로운 물결이 도래할 때마다 이를 효과적으로 적용해 제조업 선두자리를 지켜왔다. 센서의 힘, 그리고 여기에서 나오는 데이터 분석의 힘을 통해 생산성 혁명의 원동력을 찾겠다는 야심을 갖고 있다.

GE 보고서를 보면 '1%의 위력(Power of just one percent)'이라는 표현이 나온다. 제조산업은 운영비 비중이 막대하기 때문에 생산성 혁신으로 단 1%만 효율을 높여도 엄청난 비용절감 효과를 얻을 수 있다는 얘기다.

GE 분석에 따르면 항공산업에서 1%만 연료를 절감해도 15년 동안 300억 달러(약 31조 원)를 절감할 수 있다. 또 가스 발전에 의존하는 전 세계 공장에서 연료 효율을 1%만 높이면 같은 기간 660억 달러(약 69조 원)를 절감할 수 있다. 전 세계 헬스케어 시스템과 철도화물도 운영 효율성을 높이면 각각 630억 달러(약 66조 원), 270억 달러(약 28조 원)의 경제적 이득을 올릴 수 있다.

GE는 이 같은 분석을 토대로 향후 20년 동안 산업인터넷이 미국 기업의 평균수익을 25~40% 높일 것으로 내다봤다. 또 같은 기간 전 세계 GDP를 약 10조~15조 달러 높일 것으로 전망했다.

Chapter **07**

AT&T·버라이존 절치부심 통신기업

유선전화와 휴대폰 시대를 통해 한 세기를 풍미했던 AT&T, 버라이존, 보다폰 등 글로벌 통신사들은 구글, 애플 등 인터넷 서비스 업체들과 스마트폰 업체들이 번성하면서 뒷전으로 밀렸다.

급기야 우리나라에서는 네이버가 SK텔레콤의 시가총액을 제쳤다. SK텔레콤은 시가총액 10위권으로 밀렸고, 네이버는 톱5에 들어섰다. 통신망이 없으면 모바일 시대는 의미가 없음에도 정작 통신사들은 빛을 보지 못하는 일이 벌어지고 있는 것이다.

IoT 시대를 맞아 글로벌 통신사들은 절치부심, 각기 다른 전략을 세워 다시 한 번 생태계를 주도하기 위해 뛰고 있다.

AT&T는 IoT를 연구하기 위해 2개의 신규 조직을 결성했다.

IoT로 새로운 기기가 나올 것을 대비하기 위해 만든 신규기기조직(EDO, Emerging Devices Organization)이 첫 번째다. EDO는 기업 개인이 필요로 하는 새로운 기기를 발굴하는 역할을 한다.

IoT가 급속히 진화하면서 스마트 홈 시장이 커지고 있는데, 가정의 보안과 자동화에 초점을 맞춘 스마트 홈 서비스 '디지털 라이프'를 선보이기도 했다. 이 서비스는 2014년 상용화를 한 이후 미국 내 전역으로 서비스를 확대해 나가고 있다. 가정을 대상으로 24시간 모니터링과 전력 지원, 도난방지와 경보시스템을 제공하고 에너지와 물 사용까지 관리하는 서비스가 가능하다.

또 하나의 조직은 어드밴스드엔터프라이즈모빌리티솔루션즈(Advanced Enterprise Mobility Solutions)그룹이다. 이름에 걸맞게 새로운 모바일 서비스를 발굴하는 것이 이 조직의 역할이다. 통신망과 IoT를 접목해 텔레메틱스, 전략중앙제어, 자산관리 등에서 신규서비스를 개발해냈다.

또한 프로그레시브 보험사와 '마이 레이트'(My rate)라는 서비스를 공동으로 개발했다. 고객의 자동차에 통신 모듈을 장착해 운전거리, 가속이나 감속 습관, 운전시간대 등의 정보를 수집한 후 이를 통해 보험료를 산정한다. 고객의 습관에 맞는 합리적인 보험료를 산정하는 것이다. AT&T는 이를 위해 재스퍼 와이어리스, 코어텔레매틱스 등 다양한 업체들과 협력관계를 구축해 서비스를 구현하고 있다.

또 다른 통신사업자인 버라이존의 전략은 기업을 대상으로 통합서비스를 제공하는 것이다. 기업용 에코시스템을 장악하겠다는 얘기다.

버라이존은 IBM처럼 다양한 기업을 인수해서 이 분야를 빠르게 장악해 나가는 전략을 구사하고 있다. 기계 간 통신을 의미하는 'M2M' 전문기업인 엔페이스를 인수했고, 보안전문기업인 사이버트러스트도 사들였다. 또한 클라우드 서비스 전문기업 테레마크도 인수했다. 다양한 서비스 기업들을 인수해 기업들이 원하는 IoT 서비스를 원스톱으로 제공하겠다는 것이다. 통합관제센터(Dashboard) 형태의 서비스를 제공하는 것이 버라이존의 전략이다.

이를 통해 주로 공략하는 분야는 스마트그리드(전략망)와 판매시점정보관리를 의미하는 POS시스템, 디지털 광고판 등이다. 특히 최근 들어 가장 집중하고 있는 분야는 다름 아닌 헬스케어 분야다. 원거리 가상 헬스케어 서비스와 이동 클리닉, 앰뷸런스와 고해상도 이미지 전송을 위한 4G 의료기기 등을 선보이고 있다.

영국의 보다폰은 유럽과 북미 국가들을 대상으로 산업용 IoT 서비스에 집중하고 있다. 다른 통신사들과는 달리 여러 나라에 걸쳐 서비스를 추진하는 초다국적 통신사를 지향한다.

보다폰은 IoT를 통해 자동차, 유틸리티, 가전 산업자동화 분야에 집중하고 있다. 산업용 서비스 분야에서는 최고가 되겠다는 것이다. 보다폰은 버라이존과 M2M을 제휴하는 등 다른 나라 통신사들과 서비스협약을 체결해 영역을 확대하고 있다. 국가 간에 별도의 칩이 없더라도 통합서비스를 제공하는 것이 목표다.

하지만 글로벌 통신사들이 IoT 시대를 맞아 과거와 같은 영화를 되찾을 수 있을지는 미지수다. IoT의 패권이 망사업자가 아닌 인터넷서비스와 이를 통한 빅데이터 활용 중심으로 움직이게 될 것이라는 전망이 우세하기 때문이다.

Chapter **08**

공공서비스 혁신 기업

당뇨병 치료에 혁신을 일으킨 헬스케어 회사들

당뇨병은 한번 걸리면 평생을 안고 가야 하는 질병이다. 서구화된 식생활과 고령화로 인해 당뇨병 환자는 꾸준히 늘고 있다. 우리나라만 해도 현재 당뇨병 환자가 320만 명 정도인데 2050년경에는 600만 명에 달할 것으로 예측되고 있다.

컨설팅회사 베인앤컴퍼니의 분석 결과 당뇨병은 만성질환 가운데 국가 경제에 두 번째로 높은 부담을 주는 질병이다. 심장병이 첫 번째이고 당뇨병이 뒤를 이었다. 동시에 당뇨병은 예방 효과가 가장 높은 질병으로 조사됐다. 심장병과 암이 그 뒤를 이었다. 예방만 잘하면 효과가 좋다는 의미다.

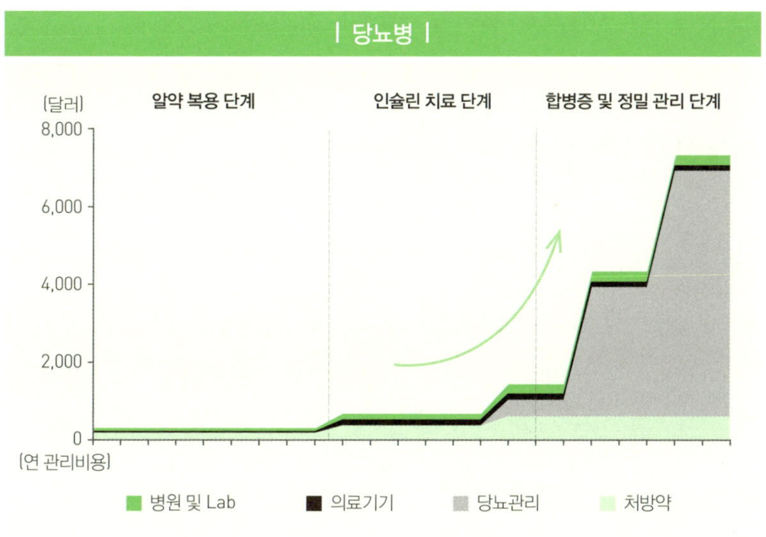

당뇨병의 치료 단계는 크게 네 단계로 나눌 수 있다. 첫 번째로 약 먹기 전 체중조절 단계, 다음으로 알약 복용단계, 세 번째로 인슐린 치료 단계, 마지막으로 정밀 관리 단계다. 마지막 단계로 갈수록 비용이 급격하게 증가한다.

약 복용 단계는 연간 40만 원의 비용이 발생하지만, 인슐린이 투입되면 연간 90만 원으로 2배 넘게 뛴다. 종합 관리를 받으면 연간 600만 원 이상으로 비용이 급격하게 증가한다. 전 세계적으로 30%의 당뇨병 환자가 마지막 단계인 종합 관리 단계에 처해 있다. 이 단계에서는 환자의 부담과 국가의 건강보험재정 부담이 크게 늘어난다. 이 때문에 당뇨병은 사전에 모니터링을 통한 초기 관리, 예방이 무엇보다 중요하다.

당뇨병 관련 다양한 분야에서 IoT가 적용되고 있는 이유다. 먼저 모니터링 시스템이다. 일단 혈당 자가 측정기가 병원과 연계돼 혈당을 체크하면 바로 병원에서 모니터링이 되는 시스템이다. 두 번째로 복약 시스템이다. 당뇨병은 약을 먹는 시간이 중요하다. 이 때문에 제때 약을 복용했는지 알려주는 약통이 당뇨병 환자에게 필요하다. 마지막 단계는 인슐린 투여 시스템이다. 당뇨병 환자는 정기적으로 인슐린 주사를 맞는다. 주사 대신 몸속에 내장된 인슐린 분배기가 일정 시간이 지나면 몸속에서 인슐린을 분배해주는 기기다. 이와 같은 당뇨병 기기들은 이미 실현되고 있는 것도 있고, 앞으로 실현될 것도 있다.

그동안 당뇨병 치료 시장은 크게 세 부류로 나뉘었다. 첫 번째는 당뇨병 약을 만드는 전통적인 제약회사다. 두 번째 부류는 IT 헬스케어를 하고 있는 회사들이다. 세 번째는 의료기기를 만드는 회사다.

물론 이 세 부류의 전략은 제각각 다르다. 당뇨병 약을 만드는 회사는 그동안 환자의 약 복용 경험을 중심으로 모바일 애플리케이션과 인터넷 사이트를 통해 환자와 의견을 상호교환하면서 당뇨병 의료기기 시장으로 확대해나가는 전략을 취하고 있다.

실제로 다국적 제약회사인 사노피 아벤티스(SANOFI)는 2012년 12월 아이폰과 연결해서 사용하는 자가진단 혈당계 애플리케이션 '아이비지스타(iBGStar)'를 미국 FDA에서 의료기기로 승인 받았다. 아이폰에 연결한 기기에 혈액을 떨어뜨리면 혈당 수치를 알려주고, 혈당 정보는 아이폰을 통해 환자와 보호자 그리고 의료진에게 공유되는 것이다.

당뇨병 치료제인 인슐린과 인슐린 주사기구인 '노보펜'을 만든 덴마크 제약사 노보 노르디스크(Novo Nordisk)사는 IT와 연결해 모니터링이 가능한 인슐린 펜을 만들었다. 이 인슐린 펜은 언제 인슐린을 맞아야 하는지 자동으로 알려주는 기능을 한다.

IT 헬스기기 제조사들도 당뇨병 환자들을 모니터하면서 환자들에 대한 빅데이터를 만들어 분석해 헬스케어 의료기기 제조와 의사들에게 정보를 제공하는 데 활용하고 있다.

US센서스 뷰로에 따르면 미국에서는 45세 이상 인구가 2010년 1억 2,100만 명에서 2050년에는 1억 8,700만 명으로 급증하면서 고령화가 급속도로 진행될 것으로 보고 있다. 특히 45세 이상이 되면 당뇨병 환자가 될 가능성이 점점 커진다고 분석되고 있다.

제약사와 헬스케어 기기 제조 회사 등 당뇨병과 관련된 회사들이 IoT를 접목한 통합관리 시스템으로 가고 있는 이유이기도 하다. 특히 글로벌 당뇨병 시장은 2020년에 850억 달러가 넘을 것으로 예상되면서 IoT를 이용한 당뇨병 관리 시장 역시 커질 것으로 예상되고 있다.

글로벌 헬스케어 회사도 움직이고 있지만 당뇨병 시장은 벤처 회사에도 기회가 되고 있다. 보스턴의 에코테라퓨틱스는 피를 내지 않아도 혈당을 측정할 수 있는 기기를 만들었다. 헬스케어 시장, 특히 예방이 무엇보다 중요한 당뇨병 시장에서 IoT와의 결합은 환자에게는 편리함을, 병원을 비롯한 당뇨병 관리자에겐 효과적인 모니터링과 피드백을 줄 수 있다. 그리고 국가는 건강보험 재정의 절감을, 보험사 입장에서도 환자의 보험료가 줄어드는 효과를 기대할 수 있게 해준다.

주차 경제성을 높인 스트리트라인

대부분의 대도시는 주차난으로 골머리를 앓고 있다. 한정된 공간에 인구가 늘어나다보니 발생하는 현상이다. 주차난의 이유는 크게 두 가지로 볼 수 있다. 주차장이 절대적으로 부족한 것이 첫 번째고, 주차장에 대한 정보가 부족한 것이 두 번째다.

토지 가격이 높아 도심 한 가운데 주차장이 부족한 것은 비단 하나의 도시 문제만은 아닐 것이다. 게다가 주차장을 찾는 운전자들로 인해서 교통 정체 문제까지 발생한다. 도로 정체가 유난히 심한 미국 뉴욕 맨해튼은 도로 정체의 30% 이상이 주차 공간을 찾는 자동차 때문이라고 한다. 그렇다면 앞서 언급한 두 번째 문제, 즉 주차장 정보 부재를 해결하면 주차난을 해소할 수 있지 않을까.

미국 샌프란시스코의 벤처기업 스트리트라인(Streetline)은 도심의 주차 문제를 해결하기 위해 주차장에 IoT를 적용했다. 도심의 주차 공간에 작은 센서를 부착하고 센서를 통해 빈 주차 공간을 인식한다. 도심 주차공간에 대한 정보가 실시간으로 파악된다.

운전자가 스마트폰을 켜고 '파커(Parker)'라는 애플리케이션을 실행하면 주차하고자 하는 위치 주변의 빈 주차 공간이 스마트폰 안의 지도에 나타난다. 야외 주차 공간뿐 아니라 건물 내 빈 주차 공간도 파악이 가능하다. 실내 주차장의 게이트 시스템과 연동돼 있기 때문이다.

주차 공간을 찾기 위해 이리저리 돌아다닐 필요가 없다. 스마

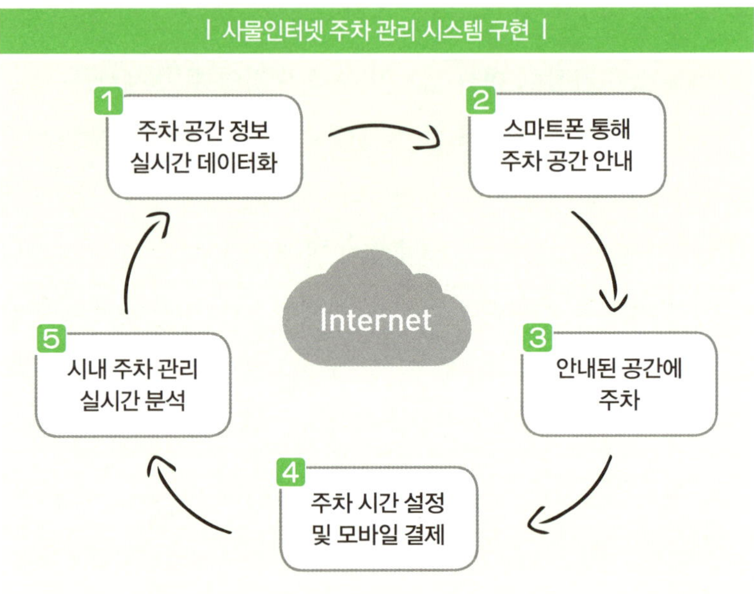

트폰 하나면 도심 속의 주차 공간을 실시간으로 파악할 수 있다. 운전자는 주차를 위한 시간을 줄일 수 있고, 주차 공간을 찾기 위해 소요되는 연료도 절감할 수 있다. 주차 공간을 찾기 위해 이리저리 돌아다니면서 발생하는 교통 체증도 줄어들 것이다.

운전자에게만 편리할까. 스트리트라인은 도시에 재정적인 이익도 가져다준다. 미국 내비건트 리서치에 따르면 도시의 총 수입에서 주차로 벌어들이는 수입 비중은 두 번째 또는 세 번째로 높다. 그런데도 주차 공간을 효율적으로 운영하지 못해 40% 정도의 추가 수입을 놓치고 있다.

스마트한 주차 시스템을 도입해 비효율을 개선하면 추가적인 주차 수입을 확보할 수 있다. 또 이로 인해 파생되는 사업을 더 생각해볼 수 있다. 광고가 대표적인 예다. 운전자가 점심시간에 맞춰 어떤 주차장을 이용한다면 운전자는 인근 식당으로 향할 확률이 높다. 이 차가 주차되는 시점에 맞춰 주변 식당의 정보가 담긴 광고를 제공할 수 있다. 시는 광고로 추가 수익을 창출할 수 있고 그만큼 주차비도 낮출 수 있다.

다음으로 도시 공공 효율이 높아진다. 주차장 인근에 달린 센서에 소음 레벨이나 온도, 공해 수준을 감시할 수 있는 기능이 추가되면 도시 관리도 가능해진다. 예를 들어 도시 가스 등 위험한 가스가 누출될 경우 센서가 이를 감지하고 안전 인력을 즉각 배치할 수 있다. 눈이 많이 내린 지역의 경우 무작정 제설제를 많이 뿌리는 것이 아니라 도로의 일사량과 온도와의 상관관계를 파악해 앞으로 눈 녹을 것에 대비해서 제설제 사용을 조절할 수 있다. 지진과 같은 건물의 이상 징후도 미리 감지할 수 있게 된다.

주차장 인근 센서를 통해 시의 공공 자원을 효율적으로 관리해 비용을 절감할 수 있게 되는 것이다. 이렇게 쌓인 도시의 빅데이터를 시민들에게 공개하면 도로를 우회해가는 등 시민의 편리성도 증대돼 두 마리 토끼를 한꺼번에 잡을 수 있게 된다.

한국정보화진흥원에 따르면 이 스트리트라인은 북미와 유럽의 40여 개 도시와 학교 캠퍼스에 설치돼 있으며 현재까지 2억 3,000만 건의 주차가 스트리트라인의 주차 시스템을 통해 이뤄진다. 스트리트라인은 실리콘밸리의 유명한 벤처캐피탈사로부터 2,500만 달러의 투자를 성공적으로 유치했다.

스트리트라인은 스마트 시티의 기본적인 형태로 볼 수 있다. 주차 공간을 편리하게 이용하는 데 그치지 않고 센서를 도로와 건물까지 확대해 도시 전체를 효율적으로 관리할 수 있다. 도시는 쌓이는 데이터를 활용해 보다 많은 서비스를 시민에게 제공할 수 있다. 한국도 발달된 IT 인프라를 통해 도시 경쟁력을 높이는 길을 생각해볼 때다.

IoT 항공운영 솔루션 도입한 브라질 공항

세계인의 이목은 브라질로 향해 있다. 브라질 전역에서 월드컵이 열리고, 2016년 8월에는 리우데자네이루에서 올림픽이 개

최된다. 세계 4대 스포츠 이벤트(월드컵, 하계올림픽, 동계올림픽, 세계육상선수권대회) 가운데 절반이 브라질에서 열리는 것이다. 전 세계 스포츠팬과 관광객은 브라질 전역을 누빌 것이다. 브라질은 세계인을 맞을 준비가 돼 있을까.

발등에 불이 떨어졌다. 브라질은 거대한 국제 이벤트를 유치하기에 시급한 문제가 있었던 것이다. 바로 공항이었다. 브라질의 20개 공항 가운데 13개 공항은 승객 수용능력이 부족하고, 브라질 항공 물동량의 25%를 감당하는 상파울루 공항은 인프라와 서비스 수준에서 국제기준에 한참 떨어졌다.

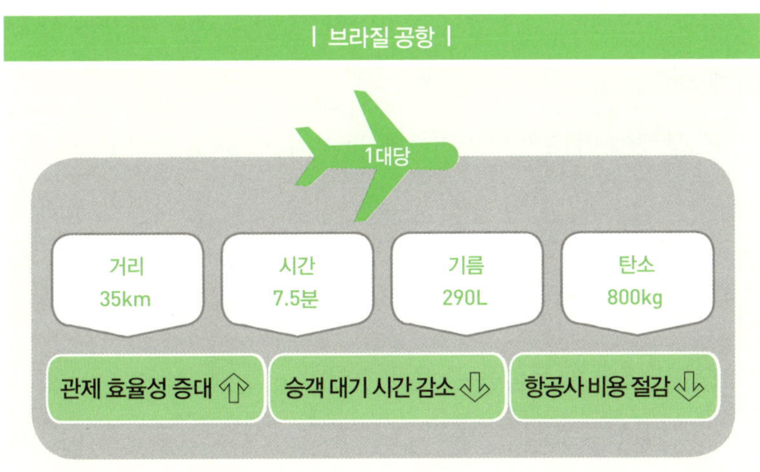

* 자료: GE

경고음은 이미 울렸다. 국제항공운송협회(IATA)는 브라질이 항공 인프라를 개선하지 않으면 월드컵과 올림픽 시기에 폭증하는 항공 수요를 감당하기 힘들 것이라고 공개적으로 밝혔다. 부족한 공항 건물을 갑자기 지을 시간은 부족하고, 감당하지 못하는 항공편을 늘릴 수도 없는 진퇴양난에 빠진 것이다.

브라질의 해법은 IoT였다. 브라질 공항은 GE의 RNP(Required Navigation Performance)시스템을 도입했다. 이는 항공기 곳곳에 센서를 달아 항공기의 움직임을 실시간으로 파악한다. 그리고 항공기에 쌓인 빅데이터를 분석해 항공기의 운항 경로와 기존의 운항 데이터를 바탕으로 최적의 경로를 알려준다. 이를 통해 항공기의 최단거리 경로를 파악할 수 있고 연료 절감을 할 수 있게 됐다.

GE 분석에 따르면 항공기 1대 당 거리를 35km 줄이고, 시간은 7분 30초를 당겼으며, 기름은 290리터를 줄일 수 있었다. 돈으로 환산하면 항공기 한 대 당 연간 50억 원을 절감할 수 있다는 것이다. 브라질은 공항 대부분에서 이 시스템을 이용하고 있다.

브라질 공항은 공항을 증설하지 않고 시스템 개선만으로 승객의 대기시간을 줄이고, 관제 효율성을 높이는 선순환을 이루고 있다. 한국의 인천공항, 싱가포르의 창이공항, 홍콩의 첵랍콕 공항, 일본의 하네다 공항 등 각국 공항은 아시아의 허브 공항이 되기 위해 치열한 경쟁을 벌이고 있다. 아시아 허브 공항이 되기 위해서 공항의 몸집을 늘리는 것도 필요하겠지만, 한정된 자원을 효율적으로 운영하는 데 IoT를 접목한 브라질 공항 모델이 좋은 시사점을 주고 있다.

원격의료 시대 연 코벤티스와 바이탈리티

평소 건강했던 중년 남성의 장례식 소식이 들린다. 그렇다면 이 남성은 급성 심근경색으로 사망했을 확률이 높다. 건강한 중년 남성 돌연사의 80%가 급성 심근경색일 정도로 중년 남성을 두려움에 떨게 하는 질환이다. 더군다나 수면 중에 사망하는 비율도 만만치 않다고 한다.

하루 10만 번을 뛰는 심장은 단 1초만 뛰지 않아도 신체에 영향을 준다. 심장박동으로 혈액순환을 하게 되는데, 그것이 멈추면 장기에 영양분과 산소 공급이 멈추기 때문이다. 3~4분 뛰지 않으면 뇌기능이 마비되고, 5~10분 뛰지 않으면 심장은 재생 불능 상태가 된다. 고요히 자고 있는 동안 소리 없이 다가와 손 한

번 쓰지 못하고 당할 수밖에 없는 급성 심근경색을 막을 방법은 없을까.

최근 미국 코벤티스(Corventis)사가 개발한 심장박동 모니터링 기계는 적어도 손을 못 쓰면서 돌연사하는 문제를 해결해 줄 수 있을 것이다. 이 심장박동 모니터링 시스템은 크게 네 단계로 구성돼 있다. 심장에 붙이는 기계와 통신 장비, 모니터 센터 그리고 전문가로 구성됐다.

심장에 붙이는 기계라고 하면 당연히 불편할 것이라는 고정관념이 크다. 코벤티스사가 개발한 픽스는 1회용 밴드 모양으로 심장 부근에 붙이기만 하면 된다. 이 기기는 심장 박동과 체온, 호흡 속도, 신체 움직임과 같은 환자의 모든 정보를 수집한다. 이 정보는 무선 모바일 트랜스미터를 통해 모니터링 센터에 전송된다.

만약 심장박동이 평소와 같지 않다면 평소와 다른 이상 징후가 모니터링 센터에 보고된다. 모니터링 센터에서는 데이터 분석을 통해 가장 적합한 의료진을 찾고, 의료진이 그 환자와 연락을 취해 응급 처치 등을 진행하게 된다.

결핵은 가난한 나라에서 잘 걸린다고 해서 흔히 '후진국 병'이라고 부른다. 그러나 국민소득 2만 달러가 넘는 한국은 결핵에 있어서만큼은 후진국이다. 지금도 한 시간에 5명이 새롭게 결핵에 걸리고, 하루 6명이 결핵으로 사망하고 있다. 결핵으로 인한 사망자는 매년 2,400명 정도다. 질병관리본부의 2012년 통계를 보면 10만 명당 80명 정도가 결핵 인구다. 결핵 인구를 10만 명당 20명 수준으로 떨어뜨리려는 정부의 바람과 달리 현실은 요원하다. 왜 결핵 인구가 줄지 않을까.

그 이유 중 하나는 약 복용이 쉽지 않아서다. 결핵 환자는 하루 세 번, 한 번에 10알이 넘는 결핵약을 먹어야 한다. 그것도 6개월 이상, 길게는 24개월을 복용해야 결핵이 완치된다. 약 복용 문제 때문에 완치가 되기 전에 약을 끊는 환자들이 많다. 전문가들은 약만 제때 잘 먹어도 결핵은 완치가 가능하다고 말한다. 하지만 약을 어느 정도 복용하면 눈에 보이는 증상이 사라지는 데다 복용하기 힘든 점 때문에 중간에 복약을 중단하는 경우가 많다. 이것이 결핵 인구가 줄지 않는 이유 중 하나다.

IoT 시대, 결핵 환자를 줄일 수 있는 길을 찾았다. 바로 인터넷과 연결된 약병 덕분이다. 약병과 인터넷이 연결된 글로우캡(GlowCap) 서비스가 대표적이다. 미국 바이탈리티(Vitality)사가 개발한 글로우캡은 환자가 약을 먹을 시간을 알려주는 서비스다.

정해진 복약 시간이 되면 약병 뚜껑의 램프가 켜지고 동시에 소리가 난다. 약을 먹기 위해 약병을 열면 이를 감지하고 통신망을 통해 약 먹었다는 정보가 회사 서버에 보내진다. 약 먹을 시간이 지났는데도 약병 뚜껑이 열리지 않았다면 사용자에게 전화나 SMS로 전달한다. 그리고 이런 기록이 매주 요약돼 이메일로 사용자와 병원 등 등록된 곳에 통보된다. 약이 떨어졌을 경우에는 사용자에게 약이 떨어진 사실을 알려준다.

결핵과 결합해보자. 결핵 환자들이 약을 제때 먹었는지의 정보가 병원에 실시간 보고돼 환자의 약 복용 사실을 파악할 수 있다. 결핵뿐만 아니다. 꾸준히 약을 먹어야 하는 고혈압이나 간장질환 등의 만성질환자들에게도 IoT를 활용한 복약 시스템은 병의 완치를 도와줄 것이다. IoT 시대는 결핵뿐만 아니라 고혈압 등 약을 꾸준히 먹어야 하는 만성질환자들에게 편리함을 가져다줄 수 있을 것이다.

과학적인 건강관리 돕는 해피랩과 24에이트

한 종합병원 연구팀이 식사 시간과 비만에 관한 연구를 진행했다. 식사 시간이 짧은 사람일수록 체중과 체질량 지수가 더 나갔다. 식사 시간이 짧을수록 칼로리도 더 섭취하는 것으로 조사됐다. 식사만 천천히 해도 체중이 줄고 칼로리 섭취도 줄어든다니 얼마나 반가운 소식인가.

이러한 고민을 한 미국의 벤처 기업이 있다. 바로 해피포크를 만든 해피랩(HAPILABS)이다. 해피포크는 일반 포크와 모양은 같지만 다른 점이 하나 있다. 센서가 달려 있다는 것이다.

이 센서를 통해 1분당 입안에 포크가 들어가는 횟수와 간격, 총 식사시간과 음식의 무게 등이 측정돼 기록된다. 사용자가 너무 빨리 식사를 한다면 포크가 진동을 하며 먹는 속도를 적절하게 유지하도록 한다. 먹는 속도와 양 등의 데이터가 실시간으로 스마트폰에 전달되고, 이 내용을 사용자 및 가족 등과 공유할 수 있다. 나아가 매일 식사 계획을 짤 수도 있다. 일명 '똑똑한 포크'인 셈이다.

해피포크는 2013년 초 킥스타터(Kickstarter)에서 창의적 비즈니스 아이디어로 선정돼 소셜펀드 투자를 받아 출시된 상품이다. 그리고 2013년 CES 건강·웰니스 부문에서 혁신상을 수상했다. 식습관 때문에 비만인 사람들, 지속적인 건강관리가 필요한 영유아, 노인, 만성질환자들이 유심히 지켜볼 기기다.

2000년 한국은 총 인구 대비 65세 이상 고령 인구가 7.2%에 이르러 고령화 사회에 진입했다. 그리고 2018년이면 14.3%로 고령사회에 진입하고, 2026년이면 20.8%로 초고령사회에 진입할 것으로 전망되고 있다. 고령화사회에서 초고령사회로 진입하는 데 26년 밖에 걸리지 않는 것이다.

이처럼 한국의 고령화 속도는 전 세계적으로 유례가 없을 정도로 빠르게 진행되고 있다. 그만큼 노인 인구 비중이 크게 증가하지만 노인을 보살펴야 할 인구는 상대적으로 줄어드는 셈이다. IoT 시대 노인의 상태를 책임질 사람은 누굴까.

미국 24에이트(24eight)가 개발한 스마트슬리퍼(Smart Slippers)가 그 해답이 될 수 있다. 스마트슬리퍼는 미국의 신생 벤처기업인 24에이트가 미국 최대 통신사인 AT&T와 협력해 개발한 슬리퍼다.

이 슬리퍼는 바닥에 센서를 부착했다. 이 센서는 슬리퍼를 신은 사람의 발 압력과 보폭 등에 대한 데이터를 수집하고 이를 실시간으로 모은다. 매일 평소와 같은 데이터가 수집된다면 착용자에게 아무 문제가 없다는 것을 의미한다.

그러나 갑자기 압력이 아예 사라지는 등 평소와 다른 압력 상태, 걸음걸이를 보인다면 이상 신호로 감지해 가족과 의사에 신속하게 통보한다. 가족과 떨어져 지내는 독거노인들이 넘어지는 등 위급한 상황이 오면 보호자나 의료기관에 통보해 낙상으로 인한 노인층의 사망사고 감소를 기대할 수 있다.

PART 03

DIGITAL ONE KOREA

한국 산업의 위기와 기회

Chapter **01**

파괴자들, 혁신이 승자와 패자를 갈랐다

사물인터넷(IoT)의 확산은 모든 산업에 혁신적인 변화를 줄 것으로 예상된다. 기존 산업에 새로운 변화를 줄 수도 있고 우리가 전혀 보지 못했던 새로운 산업이 생겨날 수도 있다.

예를 들어 무인차의 등장은 자동차를 소유하는 것이 아니라 빌리는 것으로 사람들의 인식을 바꿔놓을 수 있다. 운전이 필요 없게 되므로 자동차 좌석을 앞을 향해 배치하는 것이 아니라 승객들이 서로 마주볼 수 있게 소파처럼 배치하는 시대도 올 것이다.

이러한 격변의 시기에는 기업들이 어떻게 혁신하느냐에 따라 승자와 패자가 나눠진다. 코닥이나 노키아, 소니, 모토롤라, 블랙베리가 되느냐, 아니면 혁신을 통해 새로운 도약 기회를 가진 구글이나 삼성전자가 되느냐의 선택은 기업들 몫이다.

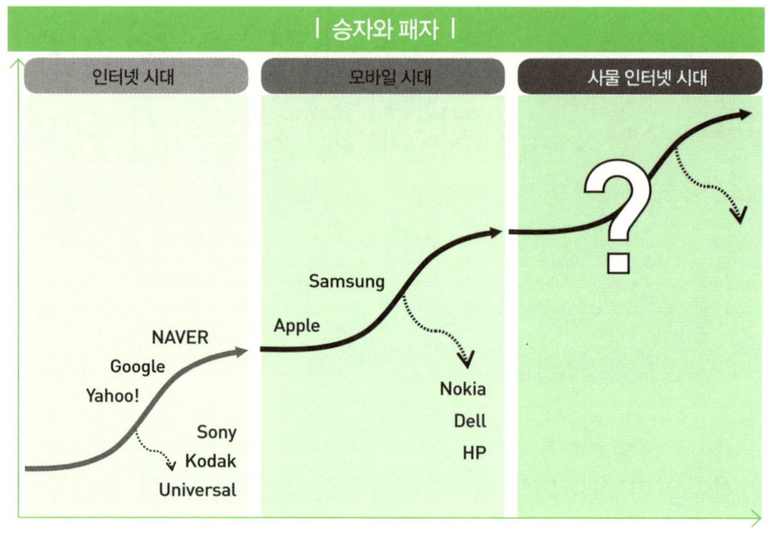

코닥 창업주의 자살… 왜?

미국 실리콘밸리에서는 '코닥드(Kodaked)'라는 말이 일반명사처럼 쓰이고 있다. 우리나라 말로 번역하면 '코닥되다' 정도의 의미인데, 속뜻은 '혁신을 외면하다 몰락한 기업'이라는 말로 통한다. 사진의 대명사로 통하던 코닥은 2012년 미 법원에 파산보호신청을 한 뒤 2013년 9월 주력사업부문인 필름과 카메라 사업부를 매각하고 인쇄 전문 기업으로 쪼그라들었다.

코닥은 1888년에 문을 열었다. 뉴욕 로체스터 은행 서기였던 조지 이스트먼이 현대식 필름을 만든 뒤 이를 양산하는 데 성공하면서 회사가 시작됐다. 이스트먼은 알파벳 'K'가 강한 인상을 준다고 믿어 회사 이름을 K가 앞뒤로 반복 사용되는 '코닥(Kodak)'으로 정했다.

코닥의 광고 카피인 '당신은 찍기만 하세요, 나머지는 저희가 알아서 하겠습니다(You press the button, We do the rest)'는 당시 대중들에게 신선한 충격을 줬다. 1910년대부터는 필름을 코닥이라고 부를 정도로 회사가 급성장했다.

카메라 분야에서는 독일의 칼 자이스, 라이카와 일본의 니콘, 캐논, 펜탁스 등과 경쟁하면서 입지가 줄어들었지만, 필름 분야에서는 독보적인 위치를 고수했다. 특히 1990년대에 1회용 카메라가 대히트를 치면서 매년 1억 대가 넘는 판매고를 올리기도 했다. 각종 특허와 디지털 기기 개발 등으로 1990년대에는 미국을 대표하는 25대 기업으로 선정되기도 했다.

코닥의 명성을 한순간에 앗아간 것은 디지털 카메라의 등장이다. 2000년대 이후 디지털 카메라가 확산되면서 코닥 필름 판매량이 급감하기 시작했다. 코닥은 이를 만회하기 위해 디지털 카메라 사업 부문의 강화를 꾀하지 않고, 오히려 기존 필름 사업을 강화하기 위한 제품 개발과 마케팅에만 몰두했다. 아날로그에서 디지털로 바뀌는 시대적 흐름을 제대로 읽지 못하고 과거의 영광에만 안주하다 기업 몰락으로 이어진 것이다.

아이러니하게도 코닥은 전 세계에서 제일 먼저 디지털 카메라를 개발한 회사다. 1975년 코닥의 전자사업부 엔지니어였던 스티브 세손(Steve J. Sasson)이 세계 최초로 디지털 카메라를 만든 것이다.

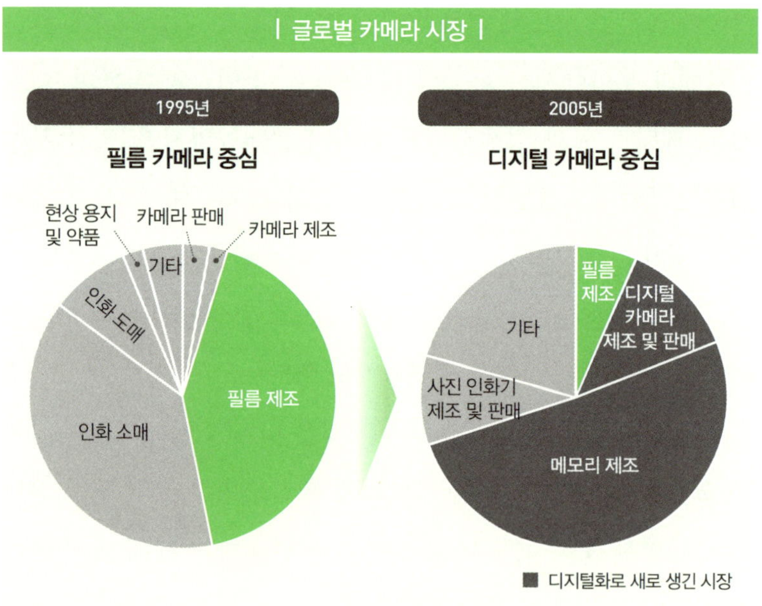

세손이 디지털 카메라를 회사 경영진에게 보여줬을 때의 반응은 '귀엽군. 그러나 아무한테도 말하지 말게(That's cute. but don't tell anyone about it)'였다. 코닥은 디지털 카메라가 향후 아날로그 필름 시장 전체를 바꿔놓을 것으로 보고 이것에 대한 상용화를 중지시킨 것이다. 자신들의 핵심 사업인 필름 시장의 붕괴를 우려해 더 큰 시장으로 진출할 수 있는 기회의 문을 스스로 닫아버린 것이다.

코닥의 안일함은 여기서 그치지 않았다. 1981년 일본 소니가 디지털 카메라 제품을 선보이자 코닥 내부에서 디지털 카메라가 언제쯤 기존 산업을 대체할 것인가에 대해 연구를 했다. 그리고

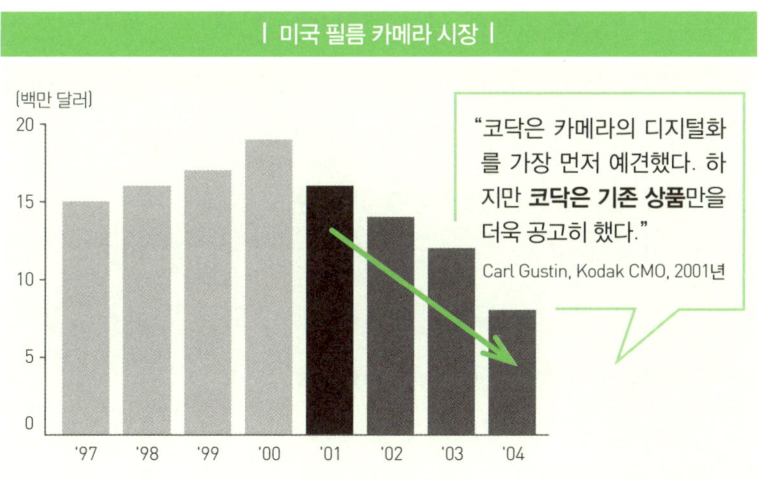

'디지털 카메라는 궁극적으로 필름 카메라를 대체할 것이고 그 시기는 앞으로 10년 뒤가 될 것'이라는 충격적인 보고서가 나왔다. 이런 정확한 조사 결과를 가지고도 코닥은 디지털 카메라 시대를 대비한 것이 아니라 디지털 기술을 필름의 품질을 높이는데 사용했다.

혁신을 늦추려는 코닥의 노력에도 불구하고 1998년부터 디지털 카메라 시장이 본격적으로 열렸다. 관련 기술을 축적한 일본 카메라 기업들이 보급형 제품을 잇달아 출시하자 필름 카메라 시장은 급속히 위축되기 시작했다.

발 빠르게 혁신하지 않고 기존 사업모델에 안주한 코닥은 결국 2012년 1월 19일에 파산보호 신청을 하게 된다. 이후 법원은 코닥의 사업부를 해체해 기존 회사에는 인쇄와 그래픽 서비스 관련 분야만 남고, 카메라 사업부는 중국의 JK이미징으로, 필름은 영화 부문만 남게 됐다. 2013년 9월 파산보호에서 벗어나게 됐지만 과거의 영광은 찾으려야 찾을 수가 없게 됐다.

코닥 창업자인 조지 이스트먼은 1932년 77세를 일기로 자살했다. 그의 유언은 "친구들이여, 나의 일은 모두 끝났다. '무엇'을 더 바라겠는가?(To my friends: my work is done. Why wait?)"였다. 현재 코닥에서 '무엇(혁신)'을 기대하는 사람은 아무도 없다.

노키아의 오판

2009년 3분기 글로벌 실적 발표 기간 동안 정보통신기술(ICT) 업계를 놀라게 한 사건이 있었다. 당시 글로벌 1위 휴대폰 기업이던 노키아가 대규모 적자를 기록한 것이다. 노키아가 실적 발표를 시작한 지난 1996년 이래 분기 손실을 기록한 것은 그때가 처음이었다.

노키아는 2009년 3분기에 98억 1,000만 유로(약 14조 7,000억 원)의 매출을 기록했지만 4억 2,600만 유로(약 6,300억 원)의 영업손실을 기록했다. 매출은 전년 동기 대비 19.8% 감소했으며 영업이익과 순이익은 적자로 돌아섰다.

적자의 주요인은 휴대폰 단말기 사업 부진이었다. 노키아의 휴대폰 단말기 세계 시장 점유율은 2009년 3분기 37.6%로 전 분기 대비 큰 변동이 없었지만 문제는 수익성이 높은 스마트폰 시장이었다. 시장점유율이 전 분기(41%) 대비 급락한 35%를 기록하며 영향력을 잃어가는 모습이었다.

노키아는 그동안 휴대폰 업계에서 절대 강자 지위를 유지했다. 삼성전자와 LG전자는 물론 소니에릭슨과 모토롤라 등 글로벌 휴대폰 업계의 목표는 단연 노키아 따라잡기였다. 노키아는 모토롤라가 '레이저(Razor)' 단일 모델 1억 대 판매 이후 급속히 몰락하는 과정에서 부동의 1위로 등극했다.

2007년~2008년 사이 시장점유율을 38~40% 사이로 꾸준히 유지해 독주 체제를 갖췄다. 2007년 2분기 이후로는 한 번도 점유율이 38% 밑으로 내려가지 않았다. 하지만 2009년 3분기 들어 2007년 이후 처음으로 점유율 38%대가 붕괴했고 2006년 수준으로 내려가는 모습을 보였다.

무엇보다 가장 큰 문제는 스마트폰 시장에서 애플의 성장세가 가파르다는 것이었다. 노키아도 심비안 운영체제(OS)를 장착한 스마트폰으로 당시 스마트폰 시장 1위를 차지하고 있었지만 시장점유율이 갈수록 떨어졌다.

게다가 문제는 일반 소비자들이 심비안 OS가 장착된 노키아 스마트폰을 사는 이유에 있었다. 심비안 OS의 장점이 부각되어 제품을 구매하기보다는 그냥 별 생각 없이 노키아의 휴대폰을 구입하는 이유가 더 크다는 분석이었다. 노키아 휴대폰 대다수에 심비안 OS가 장착되어 있기 때문이다.

하지만 애플을 주축으로 콘텐츠 경쟁력이 있는 스마트폰이 시장을 잠식할 경우 노키아 휴대폰을 구매하던 계층의 발길이 애플 매장 쪽으로 향할 가능성이 높다는 것이 노키아의 걱정이었다.

이러한 노키아의 걱정은 현실이 됐다. 스마트폰 시대에서 혁신의 기회를 놓치며 시장점유율 하락과 함께 몰락으로 이어진 것이다. 2008년 애플 아이폰의 출시를 놓고 당시 노키아의 마케팅부사장 앤시 밴조키는 “아이폰은 틈새시장 제품(Niche product)에 불과하다”고 언급했다. 그리고 3년 뒤인 2011년, 노키아는 바로 그 애플과 안드로이드 기반의 스마트폰을 만든 삼성전자에게 스마트폰 시장 점유율 1, 2위 자리를 내어주고 만다.

산업의 선두 주자가 어떻게 이러한 큰 변혁을 예상하지 못했을까? 그 이유는 노키아가 근본적으로 하드웨어 기술력 중심의

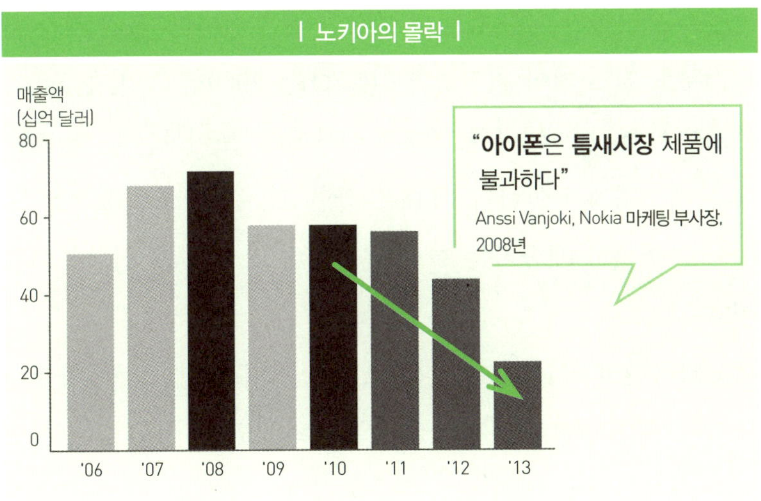

회사라는 것에 있다. 그동안 노키아가 이끌어 오던 휴대폰 시장에서는 강력한 기술력으로 소비자들의 구매 욕구를 높였다. 프로세서의 사양과 디스플레이의 품질, 카메라의 화질 등이 휴대폰 판매의 중요한 성공 요소가 됐다.

그러나 스마트폰 이용이 급격히 확산되고 애플리케이션(앱)을 통해 할 수 있는 일들이 다양하게 생겨나면서, 휴대폰의 경쟁력은 하드웨어가 아닌 소프트웨어에서 나오게 되었다. 즉 다양한 소프트웨어를 활용하는 앱 생태계를 구축한 휴대폰 회사가 각광받게 됐고, 이를 제일 먼저 실현한 애플과 후발주자인 삼성전자가 새로운 휴대폰 시대의 강자로 부상한 것이다.

물론 노키아가 이를 완전히 몰랐던 것은 아니다. 올리 페카 칼라스부오 전 노키아 최고경영자(CEO)는 2009년 독일 슈투트가르트에서 열린 '노키아월드2009' 행사에서 "노키아는 더 이상 휴대폰 제조업체가 아니다. 휴대폰 관련 모든 플랫폼을 활용해 모바일 솔루션을 제공하는 회사로 진화하고 있다"고 선언하기도 했다.

노키아만이 공급할 수 있는 모바일 서비스 영향력을 확대해 노키아 제품 판매로 연결하겠다는 전략을 밝힌 것이다. 이는 노키아 자체 모바일 생태계를 구축하겠다는 뜻으로, 애플을 벤치마킹한 것이라 해석할 수 있다. 하지만 결과는 대실패였다. 모바일 생태계를 구축하기도 전에 사람들은 이미 애플의 생태계에 익숙해져 버렸다.

노키아의 현실 안주는 세계 시장 공략에서도 잘 나타난다. 핀란드에 본사를 둔 노키아는 유럽 시장과 아시아 시장의 좋은 성과에 만족하면서 미국 시장에 큰 관심을 두지 않았다. 2000년대 미국에서 가장 유행하던 휴대폰은 폴더폰이었지만 노키아는 바 형태 휴대폰만 고집했다. 삼성전자와 LG전자가 미국 시장에서

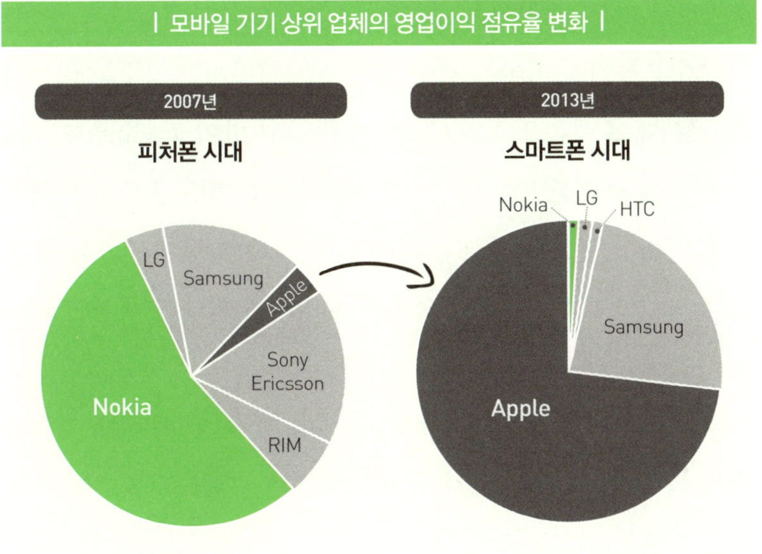

성공할 수 있었던 것은 다양한 폴더폰을 빠르고 싸게 내놓을 수 있었기 때문이다. 미국 시장에서 밀려난 노키아는 애플과 구글이 만들어내는 스마트폰 혁신을 상대적으로 둔감하게 느낄 수밖에 없게 됐다.

또 아이폰 출시 이후 다른 휴대폰 제조사들은 차선책으로 안드로이드 진영에 합류했지만 노키아는 꿈쩍하지 않았다. 오히려 자사의 심비안 운영체제(OS)가 스마트폰에 가장 적합한 OS라는 주장을 굽히지 않았다. 2010년 노키아는 심비안을 오픈소스로 돌려 일반인들에게 공개하는 초강수를 뒀지만 이미 대세는 안드로이드로 기운 상태였다.

위기에 몰린 노키아는 결국 심비안을 버렸지만 악수는 이어졌다. 차세대 플랫폼으로 안드로이드가 아닌 마이크로소프트(MS)의 윈도를 선택한 것이다. 노키아가 내놓은 윈도폰은 하드웨어는 좋았지만 윈도폰 생태계를 만들지 못해 시장에서 도태됐다. 결국 노키아의 독자생존은 실패했고 MS에 회사의 핵심인 휴대폰 사업부를 매각하는 결과로 이어졌다.

혁신을 외면한 기업의 몰락은 씁쓸하다. 한때 브랜드 가치가 세계 톱 10에 들었던 노키아지만 2013년 브랜드가치 컨설팅회사인 브랜드 파이낸스의 보고서에 따르면 애플이 3년 연속 1위를 차지한 반면 노키아는 500위권 밖으로 순위가 밀리며 순위집계표에서도 빠지는 운명이 됐다.

아날로그의 향수에 취한 소니

2014년 1월 27일. 국제신용평가사 무디스는 한 때 세계 전자업계 최강자였던 소니의 신용등급을 '투기등급'으로 강등했다. 소니는 이미 2013년 말에 또 다른 국제신용평가사인 피치에 '투자 부적격' 판정을 받은 터라 이미 예견된 수순이었다.

소니는 결국 2014년 2월에 TV사업(브라비아)을 분사하고 PC(바이오)는 매각해 5,000명의 인원을 감축하는 고강도 인력과 사업 구조조정 결정을 내렸다. 2000년대 초반까지만 해도 기술과 제품 경쟁력, 고객 충성도에서 최고 수준을 보였던 소니가 불과 15년 만에 몰락한 이유는 무엇일까?

가장 큰 요인으로 '디지털 시대로의 전환에 실패했다'는 분석이 많다. 자신이 일군 최고의 아날로그 기술력에 취해서 디지털 시대의 도래에 적극적으로 대처하지 못했다는 얘기다. 소니는 브라운관 TV의 기술력에 안주하다 디지털 방식인 패널 TV 제품

출시가 늦었다. 소니의 빈자리는 삼성전자와 LG전자가 차지했고 이어 중국 업체가 밀려오면서 소니를 전 세계 TV 판매 순위 5위권 밖으로 밀어냈다.

소프트웨어에 대한 무리한 투자도 발목을 잡았다. 소니는 하드웨어뿐 아니라 소프트웨어도 강한 기업을 목표로 삼고 엔터테인먼트 분야에 집중적으로 투자했다. 1989년 미국 콜롬비아픽처스엔터테인먼트를 사들여 영화 사업에 뛰어들었고, 2004년에는 MGM을 인수하는 등 거액을 쏟아 부었다.

하지만 2008년 글로벌 금융위기가 닥치면서 자금이 계획대로 돌지 못해 재무상황이 나빠지기 시작했다. 이는 연구개발(R&D) 투자 감소로 이어졌고 소니의 자부심이던 '기술력'을 끌어내렸다. 타 사업 진출이 수익성 악화는 물론 기업의 정체성마저 애매하게 만들었다는 평가다.

또 소니는 2014년 초 미국 라스베이거스에서 열린 CES 2014에서 '플레이(Play)'에 초점을 맞춘 제품이나 '원 소니' 등의 계획을 밝혔지만 스마트폰과 TV, PC, 카메라 등 주력 제품 판매로 이어가지 못했다. 독자적 플랫폼이나 운영체제(OS) 없는 콘텐츠와 하드웨어의 결합은 시너지를 발휘하기 힘들다는 점을 보여줬다는 지적이다.

CES2014의 소니 부스 입구.

소니의 미디어 사업 진출은 4대 CEO인 이데이 노부유키 회장이 결정했다. 영화와 음악, 게임에 총력을 기울이는 동안 LCD패널 투자시기를 놓쳤으며, 워크맨은 애플 아이팟에 밀렸다. 이는 결국 TV와 스마트폰, PC 등 캐시카우 사업의 부진을 가져왔다.

소니 경영진은 단기 매출과 이익에 급급한 경영을 중시했다. 지난 3년간 4조~5조 원의 연구개발(R&D)비를 집행했는데 이는 삼성전자의 절반(11조~12조 원)에도 못 미치는 수치다. 더욱이 사업부 10개 부문에 골고루 분배하기 때문에 주력 분야에 집중하기 힘든 구조였다.

산업구조 격변기엔 '글로벌 빅히트 상품' 없이 회생하기 힘들다는 점을 소니가 말해주고 있다. 지난 3년간 산업을 좌지우지했던 스마트폰 시장에 도전하기 위해 소니는 2011년 말 에릭슨과의 합작법인을 청산하고 에릭슨 지분을 인수한 후 '소니모바일'로 재편했다.

그러나 일본 시장 외 글로벌 무대에서 존재감을 보여주지 못하고 시장 점유율 5위권 밖으로 밀려나 있다. 소니가 TV와 PC 부문 사업과 인력에 대한 구조조정을 단행했지만 삼성전자와 LG전자 등 한국 업체에 미치는 영향은 제한적이라는 분석이 지배적이다.

소니 내부의 사업부 간 이기주의도 문제였다. 2013년 물러난 하워드 스트링어 전 소니 최고경영자(CEO)도 내부 정치 문제를 해소하지 못했다. 수익이 나는 게임기나 카메라 부문은 절대 희생하려 하지 않고 타 사업부에 도움도 주지 않았다. 스트링어 전 CEO는 "소니는 사일로(Silo)가 너무 많아 소통하기 힘들었다"고 지적한 바 있다. 사일로는 곡류 입자를 보관하는 탑형의 곡류저장고를 말하는 것으로, 조직 각 부서가 다른 부서와 담을 쌓고 자기 부서의 이익만을 추구하는 현상을 말한다.

소니의 상황은 다급하다. 2014년 2월에는 대규모 구조조정의 일환으로 창업 터전인 구 본사 건물도 매물로 내놓았다. 도쿄 시나가와(品川)역 코텐야마 인근의 구 본사 사옥의 매각 가격은 약 150억 엔 정도다. 고텐야마 사옥은 창사 이듬해인 1947년 소니의 전신인 도쿄통신공업이 자리를 잡은 이래 60년간 글로벌 소니의 영광을 지켜본 곳이다.

블랙베리와 모토롤라는 어디로 갔나

글로벌 빅 히트를 기록한 '레이저' 폰을 기억하는가. 2006년 처음 출시된 이 휴대폰은 모토롤라 역사상 가장 많은 2억 대 이상이 팔리며 공전의 히트를 기록했다. 이로 인해 모토롤라는 한때 글로벌 휴대폰 시장점유율 2위까지 올랐다. 레이저폰 판매에 힘입은 것이다.

하지만 역설적이게도 레이저의 빅히트는 모토롤라가 몰락하게 된 가장 큰 원인이 됐다. 레이저 성공에 안주해 시장 트렌드에 신속하게 대응하지 못했기 때문이다. 스마트폰으로 시장흐름이 바뀌었는데도 모토롤라는 과거 방식을 고수했고, 결국 구글에 팔린 뒤 중국 업체인 레노버에 다시 매각되는 신세가 됐다.

'오바마 폰'으로 불린 블랙베리도 비슷한 운명을 겪고 있다. 버락 오바마 미국 대통령이 백악관 입성 후에도 블랙베리 폰을 사용하겠다고 주장해서 유명세를 탄 블랙베리는 한때 스마트폰 시장에서 10%대 후반의 점유율을 기록하며 순항했다. 북미와 서유럽을 중심으로 전 세계 150여 국가에서 약 2,000만 명 이상이 사용할 정도였다.

블랙베리를 유명하게 만든 것은 강력한 '푸시 이메일' 기술이다. 서버에서 단말기에 밀어내듯 이메일을 전송한다는 의미로 붙여진 이 기술은 언제 어디서나 단말기를 이용해 사무실에 접속할 수 있어 '움직이는 사무실'을 구현했다는 평가를 받는다.

또 중요한 정보는 서버에 저장되어 있고 이메일을 단말기에 '출력'해 내는 방식으로 단말기 분실 시에도 중요 정보가 유출되지 않는다는 장점이 있다. 단말기에 있는 정보도 원격으로 삭제할 수 있어 완벽한 보안성을 구축했다는 평가를 받는다.

블랙베리 전화기를 사용하는 모습.

블랙베리는 쿼티(QWERTY) 자판이 장착되어 있어 사실상 크기만 작을 뿐 사무실 PC를 이용해 작업하는 것과 큰 차이가 없다. 이러다 보니 이동이 잦은 전문직 종사자 사이에서는 블랙베리가 필수품처럼 활용됐다. 직업 특성상 외부에 머무르는 시간이 많아도 블랙베리 단말기 하나면 업무에 차질이 없기 때문이다.

그러나 스마트폰 선구자였던 블랙베리도 몰락의 길을 걷고 있다. 이유는 무엇일까? 바로 자신의 기술력에 안주하다 새로운 혁신을 등한시했기 때문이다. 애플이 기술혁신을 통해 아이폰-아이패드로 이어지는 스마트폰 생태계를 구축했고 삼성전자 등 안드로이드 계열도 여기에 못지않은 생태계를 갖췄다. 블랙베리는 이러한 생태계를 외면하고 자신만의 방식을 고집했다.

생태계에서 뒤진 블랙베리의 미래는 처참했다. 2007년 애플의 매출은 블랙베리의 8배였지만, 2012년에는 14배로 커졌다. 2013년 애플이 50조 원에 가까운 순이익을 거둔 반면 블랙베리는 적자를 기록했다.

기업의 미래도 불투명하다. 2013년 9월에 페어팩스 금융지주가 주도하는 컨소시엄에 매각을 선언했던 블랙베리는 협상이 깨지면서 독자생존에 나서고 있다. 하지만 블랙베리에 남은 것은 스마트폰 주류 시장이 아니라 틈새시장에서의 성공뿐이다.

Chapter **02**

산업의 틀이 바뀐다

자동차를 소유하지 않고 공유하는 시대, 몸에 지니는 모든 것이 나와 연결되는 시대. 사물인터넷(IoT)이 그려갈 미래의 모습이다. 사물인터넷 시대는 개인과 산업, 공공 영역에 다양한 변화를 줄 것으로 보인다. 개인 영역에서는 사용자 중심의 편리하고 쾌적한 삶이 기대되고, 산업 영역에선 생산성과 효율성이 향상되면서 새로운 부가가치가 창출될 것으로 예상된다. 공공 영역에서도 지금보다 살기 좋고 안전한 사회가 실현될 것으로 보인다.

가장 핵심적인 변화는 산업 영역에서 나올 것으로 분석된다. '모든 산업의 서비스화(Everything as a Service)'가 이뤄지면서 기존 산업에 대한 고정관념이 크게 바뀌는 것이다.

제조에서 서비스로 움직이는 ICT

사물인터넷의 기반이 정보통신기술(ICT)산업인 만큼 이 분야의 변화는 이미 시작됐다고 해도 과언이 아니다. ICT산업은 통신과 IT기기 중심의 시장에서 인터넷 서비스 중심으로 변화할 것으로 예상된다. 이미 지난 2007~2012년 5년간 구글과 아마존, 이베이 등 인터넷 서비스업체의 시가총액은 27% 늘어난 반면, AT&T와 보다폰, 텔레포니카, 차이나모바일 등의 통신업체 주가는 오히려 32%나 떨어졌다. 생태계를 아우르는 서비스업으로의 이동을 극명하게 보여주는 모습이다.

인터넷 서비스는 크게 콘텐츠를 제공하는 업체와 이를 유통하는 플랫폼 업체로 나눌 수 있다. 이 가운데 사물인터넷의 키를 쥘 수 있는 곳은 빅데이터 확보에 가장 용이한 구글, 아마존 등의 플랫폼 업체다. 자동차와 스마트 홈, 물류 등 사물인터넷이 적용되는 모든 분야에는 서로 소통할 수 있는 플랫폼이 반드시 필요하다.

구글은 안드로이드 운영체제를 기반으로 모바일 영역에서 사물인터넷 플랫폼 구축에 나서고 있다. 국내 업체 중 모바일 영역의 플랫폼에서 강점을 가진 곳은 카카오와 네이버의 라인이다.

이들은 인간과 인간을 연결시키는 메시징 서비스 영역을 넘어 사물과 사물이 소통하는 플랫폼 구축을 준비하고 있다.

사물인터넷은 새로운 데이터를 기하급수적으로 창출할 것이다. 시스코 분석에 따르면 현재 전 세계에 존재하는 모든 데이터의 90%는 최근 2년 내에 생성된 데이터다. 2013년 26억 개가 연결된 사물의 수는 2020년에는 10배가 증가한 260억 개가 될 것으로 전망된다.

사물 간 연결에 따라 데이터양은 앞으로 더욱 폭발적으로 증

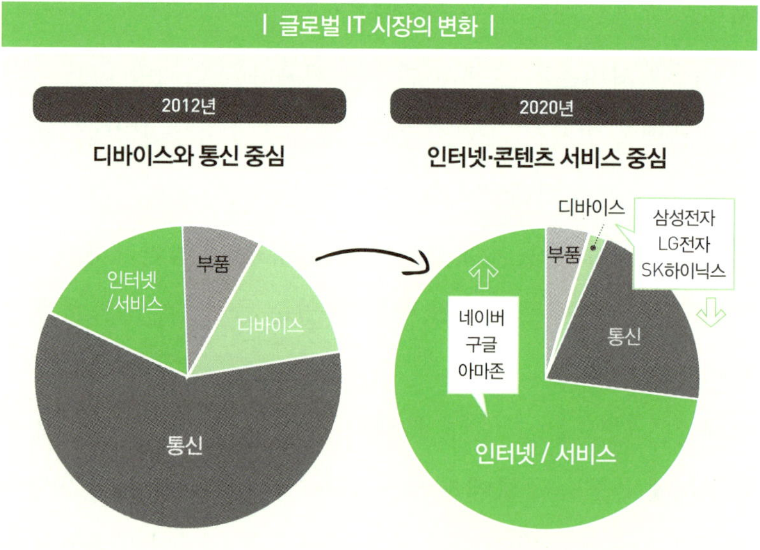

가할 것으로 예상되고, 이를 처리하기 위한 네트워크 장비와 서버, 스토리지 등 IT 인프라스트럭처 시장도 2020년까지 200조 원이 추가로 형성될 것으로 기대된다. 사물인터넷의 확산은 수많은 데이터를 분석·보관하는 클라우드와 빅데이터 시장의 성장으로 이어질 것으로 예상된다.

IT기기 분야에서도 사물인터넷은 커다란 변화가 예상된다. 스마트폰은 시장 포화가 이뤄진 선진국 시장은 정체되지만 중국, 인도, 인도네시아와 같은 개발도상국 시장은 꾸준한 수요 증가가 예상된다.

문제는 중국 업체들의 기술력이 급성장하면서 스마트폰 기기들의 성능은 상향평준화되는 반면, 가격은 낮아지는 방향으로 움직일 것이라는 사실이다. 현재 중국 등에 비해 상대적으로 프리미엄 가격을 받고 있는 국내 업체들의 이익률이 악화된다는 얘기다.

국내 업체가 희망을 가질 수 있는 분야는 시계·안경 같은 웨어러블 기기다. 웨어러블 기기는 아직 초기 단계이기는 하지만 2014년 들어 각종 가전전시회에서 신제품이 속속 출시되고 있다.

시장조사업체인 BI인텔리전스에 따르면 2014년 8조 원 규모인 이들 시장은 3년 내에 30조 원을 넘어선 뒤 2020년에는 92조

원까지 성장할 것으로 예상된다. 소비자들에게 더욱 쉽게 다가갈 수 있는 혁신이 지속된다면 그 이상의 성장도 기대할 수 있다. 웨어러블 기기 시장의 성장은 '넥스트 스마트폰'을 찾는 한국 업체에 좋은 기회이자 도전 과제가 될 것으로 보인다.

사물인터넷 시대에는 센서와 통신칩 등의 부품산업도 크게 활성화될 것으로 보인다. 센서가 주변 환경 또는 사물에 가해지는 영향을 감지하고 이를 데이터로 전환해 통신칩을 통해 외부로 전송해야 하기 때문이다. 이를 위한 칩셋 기술은 발전에 발전을 거듭해 현재는 센서와 통신칩, 메모리, 프로세서 등 여러 모듈들이 하나의 칩셋에 설계돼 내장되는 수준까지 이르렀다.

이러한 칩셋을 시스템온칩(SoC, System on Chip)이라고 부른다. 시스템온칩 시장은 TI와 인텔, 퀄컴과 같이 시스템 반도체를 생산하는 글로벌 업체들이 주도하고 있다. 삼성전자와 SK하이닉스 같은 국내 업체들은 메모리 반도체 시장에서는 50%에 가까운 점유율을 자랑하고 있으나, 시스템 반도체 시장에서는 5% 이하에 불과하다. 국내 업체들의 적극적인 투자가 필요한 부분이다.

현대차 경쟁상대는 구글

자동차산업에서의 변화도 두드러진다. 하이브리드차에서 전기차로 이어진 자동차산업 혁신의 방향이 이제 무인차(자율주행자동차)로 향하고 있다. 아우디는 2014년 1월 북미최대가전전시회인 CES에서 무인차로 고속도로를 주행하고 주차까지 하는 기술을 선보였다.

무인차 개발은 기존 자동차회사보다 ICT 기업 쪽에서 더 활발하다. 차의 심장으로 불리는 엔진 기술보다 위치를 파악해서 방향을 잡는 센서와 통신 기술이 더 중요하기 때문이다. 현재 폴크스바겐, 도요타 등과 경쟁하는 현대차가 구글, 애플 등 서비스기업과 경쟁하게 될 날도 멀지 않았다는 평가다.

무인차는 그동안 자동차산업에서 발생한 혁신 중에서 가장 강도 높은 혁신이 될 것으로 보인다. 지난 100년간 생산 방식의 변화로 자동차가 대중화되고, 엔진 전자제어와 내비게이션 등의 도입으로 운전하는 방식이 조금 더 편해졌다. 여기에 가솔린엔진에 모터를 덧붙인 하이브리드차의 등장으로 에너지 효율이 좋아지기는 했지만, 기본적으로 100년 동안 사람이 직접 시동을 걸어 자동차를 운전하는 방식은 변한 적이 없다. 하지만 사물인터

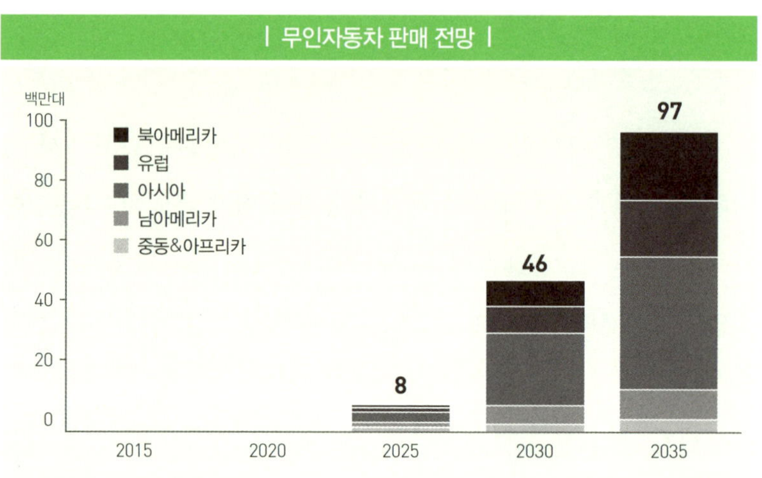

* 자료: Navigant Research

넷의 도입으로 무인차가 가능하게 되면 '운전(Driving)'이라는 개념의 패러다임이 바뀔 것이다.

자동차 디자인 전문회사인 주크(Zoox)는 2013년 자동차 앞 유리가 없는 디자인을 공개했다. 무인차 시대가 오면 운전석에 앉은 사람이 도로를 볼 필요가 없으니 자연스럽게 앞유리가 필요 없어지는 것이다. 컨설팅회사인 KPMG에 따르면 현재 개인이 운전에 쏟아 붓고 있는 시간은 연간 평균 250시간으로 추산된다. 무인차 시대는 250시간을 보다 생산적인 일에 쓸 수 있도록 도와

줄 것이다.

무인차 시대는 기존 자동차 업체에 큰 위협이 될 것으로 보인다. 무인차의 핵심은 얼마나 주변 상황을 잘 파악하고 이를 분석해 빠르고 정확하게 대응할 수 있느냐에 달려 있다.

이를 위해서는 빅데이터와 데이터 분석 기술이 절대적으로 필요하다. 자동차의 안전성이 달려 있는 문제이기 때문에 관련 기술력을 확보하지 못한 완성차 업체는 소비자로부터 외면 받을 것이다. 소비자의 선택을 받지 못한 업체는 결국 자동차 하드웨어를 제조한 뒤 소프트웨어 업체에 납품하는 하청업체로 전락할 수도 있다.

자동차와 연관된 산업 또한 일대 변혁이 예상된다. 모든 자동차가 약속한 것처럼 규칙적으로 주행한다면 차선 변경을 하기 위해 깜빡이를 켤 일도 없고 갑자기 속도를 줄이거나 높이는 일도 없게 된다. 끼어들기를 한다고 해서 경적을 울리거나 사고가 나서 도로에 차를 세워둔 뒤 언성을 높이는 일도 사라지게 된다.

미국 도로교통국에 따르면 미국에서만 자동차 사고로 인한 사회적 비용이 연간 3,000억 달러(약 315조 원)에 달하는 것으로 추정된다. 또 자동차 사고의 93%는 운전 미숙, 음주운전 등 사람의 부주의로 인해 발생하는 것으로 분석된다.

무인차 시대가 본격 시작되면 자동차 사고가 제로에 가깝게 줄어든다. 무인차 기술은 불필요한 사회적 비용을 줄일 수 있을 뿐 아니라 전 세계적으로 연간 120만 명에 달하는 교통사고 사망자를 줄이는 기술이기도 하다. 자동차 사고가 줄어들게 되면 자동차 보험이 필요 없어질 수도 있다.

또 자동차 차체가 튼튼할 필요가 없게 되니 플라스틱과 같은 훨씬 가볍고 경제적인 소재로 만들 수도 있다. 이 경우 연비에 큰 도움을 줘 궁극적으로 에너지 절감에도 도움이 된다. 여기에 자동차가 운전의 대상이 아닌 단순한 이동 수단 또는 생활의 공간

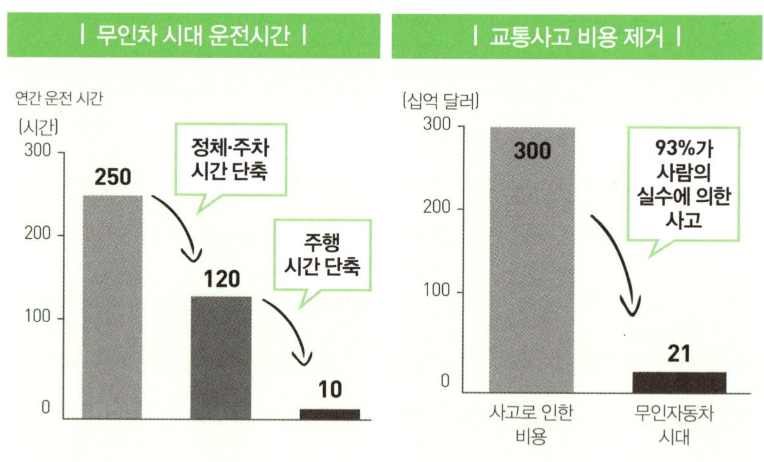

이 된다면 자동차를 굳이 소유하지 않고 빌리는 시대로 바뀔 수도 있다.

무인자동차에 대한 기술은 빠르게 발전하고 있지만 사회에서 받아들여지고 상용화되기까지는 아직 많은 시간이 필요하다. 특히 도로교통 관련 규제가 세워지고 안전이 보장되는 기반이 구축되기 위해서는 다양한 사회적 논의가 선행되어야 한다.

시장조사업체인 네비건트리서치는 무인차가 2020~2025년 사이에 본격적으로 상용화될 것으로 보고 있다. 또 2030년에는 글로벌 자동차 시장의 40%, 2035년에는 75%가 무인차로 바뀔 것이라 예상하고 있다.

서비스화 선도업체 롤스로이스

영국 롤스로이스는 항공기와 선박엔진, 가스 터빈을 제조하는 중공업 회사다. 전통 제조업체인 롤스로이스는 2003년만 하더라도 판매한 엔진에 대한 사후 관리 정도만 제공했다. 서비스는 말 그대로 제품을 판 이후에 사후관리를 해주는 차원이었으며, 서비스로 벌어들이는 매출 역시 전체 매출의 10% 수준에 불과했다.

하지만 롤스로이스는 제조업의 서비스화 시대를 가장 먼저 예견했다고 해도 과언이 아니다. IoT를 통한 센서 네트워크와 데이터를 분석하면 제조업 자체를 서비스화시킬 수 있다는 개념을 도입했다. 이제 롤스로이스는 엔진 판매로 벌어들이는 매출과 서비스를 제공해 얻는 매출이 거의 비슷하게 됐다. 더 놀라운 것은 서비스사업을 키운 덕분에 제조업 부문 영업이익률 4%대에서 11%대로 3배 가까이 늘어났다는 점이다.

롤스로이스는 1906년 설립 이래 엔진을 핵심 역량으로 키워왔다. 제품을 디자인하고 생산해 판매하는 것은 중공업산업만이 아닌 모든 제조업체의 기본적인 사업 모델이다. 롤스로이스는 사물인터넷과 빅데이터를 활용해 이러한 제조업의 기본적인 사업 모델에서 벗어나 엔진에 대한 '서비스화'로 새로운 수익 모델을 창출했다.

롤스로이스의 엔진 모니터링팀(Engine Health Monitoring Unit)은 데이터를 분석하는 전문가 집단이다. 항공기, 선박, 헬리콥터 등 롤스로이스의 모든 엔진에는 센서가 내장돼 있다. 센서는 엔진을 가동하는 부품과 시스템의 데이터를 수집하고 압력, 온도, 진동, 속도 정보를 실시간으로 롤스로이스 본사에 전송한다.

데이터 모니터링은 태평양 바다 상공 4만 피트에서도 가능하다. 전 세계 엔진들의 데이터가 모이는 영국 본사에는 25~30여 명의 엔지니어가 엔진들의 상태를 상시 모니터링하고 전송되는 데이터를 분석한다. 데이터 분석을 통해 엔진에 작은 이상이라도 감지되면 원인에 대한 조치가 실시간으로 이루어진다. 시속 1,000km로 하늘을 비행 중인 엔진에도 원격으로 조치가 취해진다.

엔지니어들에게 전송되는 데이터는 연간 10억 건을 넘는다. 만약 원격으로 조치될 수 없는 상황이라면 가장 가까운 공항에 있는 롤스로이스 지상 서비스팀이 미리 부품을 준비해 대기할 수 있도록 연락이 취해진다.

롤스로이스 엔진을 구매한 항공사는 엔진에 대한 안전성을 보장받는 동시에, 에러 발생 시 수리에 필요한 시간을 단축함으로써 운행 지연 시간을 최소화할 수 있게 되는 것이다.

롤스로이스에게 빅데이터와 사물인터넷은 새로운 개념이 아니다. 2006년 이미 3,000여 개의 엔진에 센서가 부착되었고, 인공위성을 통해 데이터를 실시간으로 전송 받으며 이를 분석하기 시작했다. 최근에는 데이터를 분석하는 알고리즘이 고도화되면서 에러가 발생하기 전에 사전적인 조치가 취해질 수 있도록 진화하고 있다.

롤스로이스는 서비스사업을 더욱 키우기 위해 지속적으로 새로운 시도를 하고 있다. 엔진 속의 상황을 시각적으로 바로 확인할 수 있도록 엔진의 코어에 섭씨 2,000도에도 견딜 수 있는 CCTV를 설치하고, 엔진 속에 서식하며 실시간 수리하는 스네이크 로봇을 2014년 내에 도입한다는 계획이다.

롤스로이스의 지상 서비스팀은 전 세계에 4,000여 명의 엔지니어로 구성되어 있으나, 500여 항공사 고객이 이용하는 전 세계 모든 공항에서 즉각적인 서비스를 제공하기에는 부족한 숫자다.

또한 엔진 내부의 문제를 검진하기 위해서는 보어스코프(Borescope)라는 기기를 사용해야 하지만, 이 작업은 숙련도 높은 엔지니어만이 수행할 수 있는 어려운 작업인 데다 검진을 위해 숙련된 엔지니어가 도착할 때까지 기다려야 하는 문제도 있었다. 서비스가 지체되면 항공사에게는 큰 손해가 될 수 있으며, 항공기 탑승객에게는 큰 불편이 된다.

이러한 문제를 해소하기 위한 대안이 바로 CCTV와 스네이크 로봇이다. CCTV는 엔진이 정지되는 즉시 엔진의 상태와 에러사항을 영상으로 전송하며, 엔진 속에 위치한 스네이크 로봇은 CCTV로 확인이 어려운 곳까지 구석구석 돌아다니며 원인을 파악하고, 숙련된 엔지니어를 대체해 문제를 해결한다.

롤스로이스는 사물인터넷을 통해 새로운 수익원을 창출하며 고객의 로열티 또한 강화할 수 있었다. 그리고 4,000여 대의 항공기, 1만 4,000여 개의 엔진 상태에 대한 빅데이터를 기반으로 자사 엔진에 대한 지속적인 품질 개선도 가능해졌다. 롤스로이스는 2014년 2월 차세대 항공기 엔진 어드밴스(Advance)와 울트라팬(UltraFan)을 발표했다.

2020년까지 개발 완료되어 상용화될 것으로 예상되는 어드밴스는 기존 제품 중 가장 효율성이 높은 엔진에 비해 에너지와 탄소를 20%나 절감할 수 있다. 2025년까지 개발 예정인 울트라팬

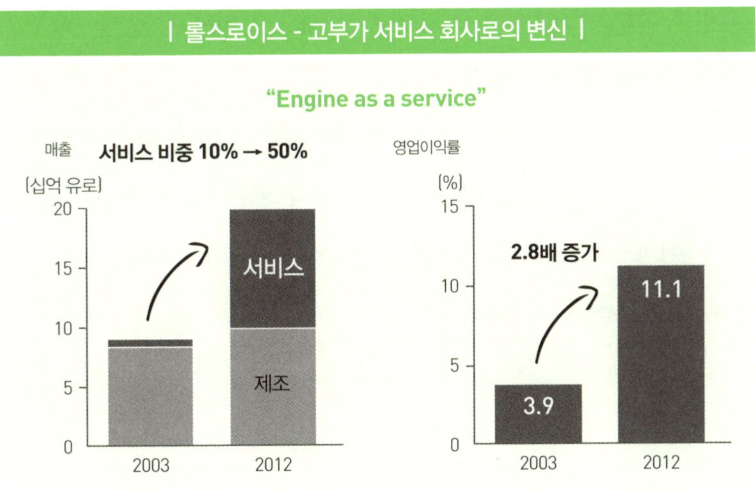

은 25%가량의 에너지 및 탄소 절감 효과를 목표로 한다.

센서를 통해 실시간으로 확보된 엔진에 대한 데이터를 이용한 깊은 이해가 없었다면 이러한 혁신적인 효율성 개선은 불가능했을 것이다. 롤스로이스는 지난 수년간 축적한 센서 데이터 활용 역량을 다른 하드웨어에도 적용한다는 계획이다. 항공기 엔진 서비스가 선박 엔진과 가스 터빈에도 적용된다면 롤스로이스의 서비스 사업은 더욱 성장할 수 있을 것이다.

롤스로이스는 연구개발에만 연간 20억 달러를 투자하고 있다. 롤스로이스가 지난 10여 년간 이루어낸 퀀텀 점프는 새로운 기술에 대한 적극적인 투자와 전통에 과감하게 도전하는 혁신 정신이 결합된 성과다. 롤스로이스는 사물인터넷을 통한 '제조업 서비스화'의 선두 주자다.

엔진에 센서가 내장되고 엔지니어들과 소통이 가능해지면서 기존에는 단순한 부품의 조합이었던 엔진이 살아 숨쉬며 말을 할 수 있게 되었다. 아직 우리가 상상하지 못한 무한한 가능성이 제조업에 숨어 있는 것이다.

쿠카 시스템즈의 혁신

이렇게 사물인터넷이 과거 기술산업의 영향이 적었던 제조업, 농업 등의 전통산업에 적용되면서 제3차 생산성 혁명을 촉발시키고 있다. 생산성은 제조업의 핵심 경쟁력이다. 생산성 향상은 가격 경쟁력으로 이어지고, 이는 궁극적으로 기업 이윤 극대화에도 도움이 된다.

자동화 생산 솔루션을 제공하는 독일의 쿠카 시스템즈(KUKA Systems)는 제조업의 미래를 개척하고 있는 업체다. 현재 우주항공, 농기계, 자동차, 전철, 에너지 등 다양한 중공업산업에 '인텔리전트 로보틱스(Intelligent Robotics)'와 '오토메이션' 기술을 적용해 제조산업에 혁신을 가져오고 있다.

쿠카 시스템즈는 특히 자동차 차체 조립 생산 공정에 사용되는 로봇 시스템에 대한 높은 기술력을 보유해 포드, GM, 폴크스바겐, BMW와 같은 주요 자동차 업체에 최신 기술을 제공하고 있다. 1973년 최초로 산업용 로봇을 상용화하고, 1996년에 PC 기반의 컨트롤 시스템을 개발한 쿠카 시스템즈는 IoT가 제조업에 미치게 될 영향을 일찌감치 파악했다. 10년 전 사물인터넷이라는 단어가 널리 알려지기 전에 이미 자동차 생산 공정에 사물인터넷을 적용했기 때문이다.

2004년 미국에 진출한지 얼마 되지 않은 쿠카 시스템즈는 미국의 대표 자동차 업체 GM으로부터 오하이오주에 새로 짓게 되는 지프 자동차 생산 공장의 설계를 의뢰 받았다. 8개의 지프 랭글러 모델을 하나의 생산 공정에서 생산하는 등 업계에서 가장 효율적인 생산 공정이 가능하도록 해야 했다.

이러한 요구 조건을 충족시키기 위해서는 로봇 생산 애플리케이션, 백엔드(Back-end) 시스템, 그리고 다양한 기기들이 서로 연결되고, 하나의 컨트롤러로 생산 조건의 변화를 빠르게 적용할 수 있는 지능형 시스템이 필요했다. 서로 연결되어 소통할 수 있는 시스템이 IoT다. 쿠카 시스템즈는 10년 전 사물의 연결성이 제조업에 얼마나 큰 가치를 창출하게 될지를 발견했다.

완성차 한 대는 수백여 개의 부품과 모듈이 조립돼 만들어진다. 이는 수십여 개의 제조 공정이 물 흐르듯 연결되어야 가능하다. 만약 한 공정에서의 불량률이 1%라고 한다면, 99%는 정상일 것이다.

어떻게 보면 높은 품질을 자랑할 것 같지만 99% 정상률에 공정 25개가 이어져 있다면, 최종적인 불량률은 22%(0.99^{25}= 0.778)에 달해 78%의 정상적인 제품만이 나오게 된다. 만약 생산된 자동차 100대 중 22대의 차량이 불량이라면 그 원인을 찾고 수리하는 데 드는 비용은 자동차 회사에 치명적이다.

불량률을 0.01%로 낮추기 위해서는 각 공정에서 부품의 조립을 실행하는 로봇과 기기들이 한 치의 오차도 없이 계산된 작업을 제 시간에 수행해야만 가능하다. 생산 공정의 기기들이 '말을 할 수 있게' 되기 전에는 로봇과 기기들을 모니터링하고 수시로 점검하는 데 많은 시간과 인력이 필요했다. 게다가 아무리 꼼꼼하게 점검을 하더라도 갑자기 발생하는 오류를 방지하거나, 이미 발생한 오류의 원인을 파악하는 데는 많은 어려움이 있었다.

쿠카 시스템즈는 IoT를 활용해 GM 오하이오 공장의 246개 로봇과 용접, 패킹 등에 사용되는 6만여 개 기기들이 '말을 할 수 있게' 만들었다. 모든 기기는 각자의 온도, 토크, rpm 등에 대한 데이터를 중앙 컴퓨터로 실시간 전송한다.

데이터를 받은 컴퓨터는 에러 발생을 유발시킬 수 있는 변수의 한계를 기억하고 있어, 특정 기기가 이에 가까워질 경우 자동으로 생산의 속도를 조정하거나 도움을 요청한다. 공장 생산 설비와 공정의 운영 상태를 실시간으로 모니터링하며 예상치 못한 다운타임을 없앤 결과, 오하이오 공장은 지난 8년 간 매일 20시간 이상 운영될 수 있었다.

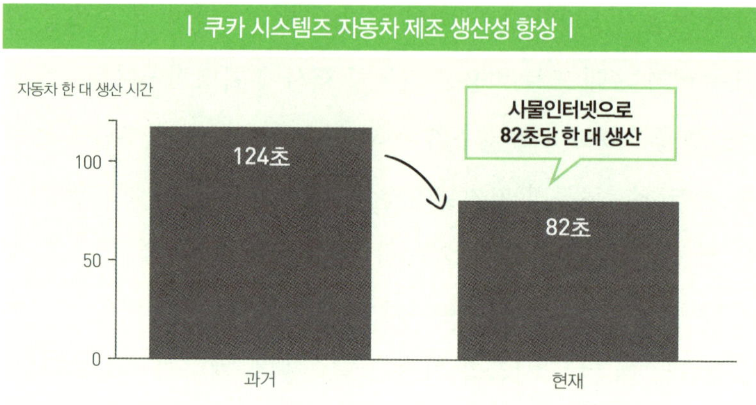

오하이오 공장은 연결된 공장으로 인해 시시각각 변하는 생산 조건에 빠르게 대응할 수 있게 됐다. 오하이오 공장에서는 하루에 700여 대의 자동차를 생산한다. 82초마다 한 대씩 생산되는 것이다.

이렇게 빠르게 생산이 진행되는 상황에서 생산 조건을 변경하기 위해 로봇 한 대 한 대를 조정하면 몇 시간의 생산 시간을 낭비하게 된다. 이는 공장의 생산성에 매우 큰 영향을 미치게 될 것이다.

오하이오 공장의 모든 생산 공정은 서로 연결되어 한 대의 컨트롤 PC로 모든 로봇과 기기, 공정 프로세스를 제어할 수 있다.

8개의 랭글러 모델별 판매 현황에 따라 매일 생산하는 모델을 변경할 수 있게 된 것이다. 수요에 따라 즉각적으로 대응할 수 있는 시스템으로, 팔리지 않는 모델을 불필요하게 생산하지 않도록 한다. 불필요한 재고를 줄일 수 있게 된 GM은 현금 유동성을 늘려 기업 가치를 올릴 수 있었다.

쿠카 시스템즈의 기술로 오하이오 공장의 혁신을 이룬 GM은 유럽의 3개 공장에 추가적으로 쿠카 시스템즈의 자동화 솔루션을 도입했고, 쿠카 시스템즈는 높은 기술력과 품질, 신뢰도를 인정받아 GM에서 2011년 '올해의 공급업체(Supply of the Year)'로 선정됐다.

IoT는 이미 자동차 생산에 적용되었으며 실효성 또한 검증되었다. 쿠카 시스템즈를 포함한 모든 산업용 로봇 업체들은 공장의 생산성 향상을 위해 사물인터넷을 계속해서 연구하고 있다. 스마트 공장은 IoT 덕분에 계속해서 진화할 것이다.

물류 분야의 생산성 혁명

생산성 혁명은 제조업에만 국한되지 않는다. 물류와 같은 서비스산업에도 생산성 혁신이 예상된다. 무인비행기 드론에 쓰이는 사물인터넷 기술은 선박과 항공기, 전차, 탱크 등에 폭넓게 적용될 수 있다.

실제로 일부 해운 업체들은 선원 없이 육지에서 원격으로 조정하는 드론 선박을 준비하고 있다. GPS 항법장치가 발달하고 각종 센서 기술이 진화하면서 무인 선박은 이미 가시화 단계에 들어섰다.

현재 전 세계 교역량의 90%가 선박을 통해 이뤄지고 있다. 장거리 화물이 많거나 인건비가 높은 나라를 중심으로 무인 선박

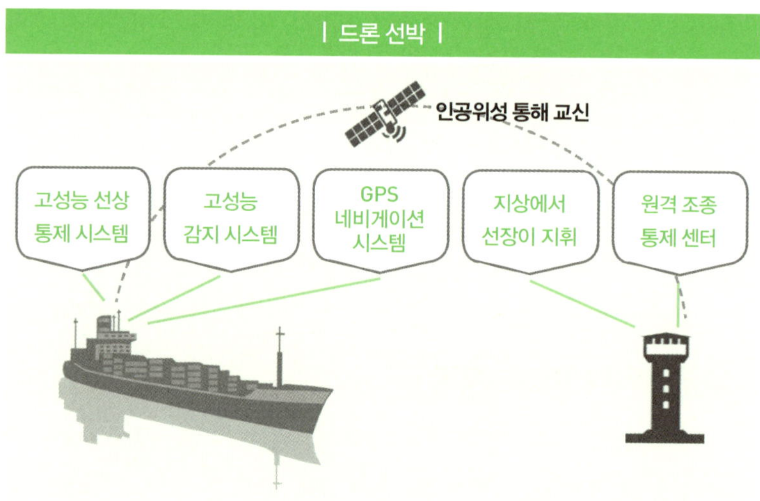

에 대한 수요가 클 것으로 보인다. 무인 선박 시스템은 정부의 강력한 의지 없이는 불가능하다. 유럽연합(EU) 집행위원회는 무인 항해 시스템 개발을 적극 지원 중이다.

아마존은 2012년 물류 로봇 회사인 키바시스템즈(Kiva Systems)를 7억 7,500만 달러(약 8,100억 원)에 사들였다. 물류 비중이 높은 아마존으로서는 물류센터에서 혁신적으로 작업 효율을 높일 수 있는 장비가 필요했던 것이다.

아마존 주요 물류센터에는 1,000대가 넘는 키바시스템즈의 로봇이 돌아다닌다. 첨단 알고리즘이 적용된 로봇들은 자주 주문하는 상품은 배송대 가까이에 두고 주문서가 접수될 때마다 해당 물품이 담긴 선반을 자동으로 포장 전문 직원에게 운반해 준다.

사람은 앉은 자리에서 물건을 집어 포장만 하고, 이후 작업은 로봇의 몫이다. 아마존이 '상품 픽업→포장→발송'에 걸리는 시간은 사람 활용 빈도가 높은 다른 유통업체에 비해 절반 이하라는 게 업계 분석이다.

세계 최대 유통업체인 월마트는 1억 명이 넘는 소비자의 구매 정보를 분석해 이들에게 맞춤형 전단지를 나눠주는 것으로 유명하다.

10대 딸을 두고 있는 부모가 어느 날 월마트로부터 임신·출산 용품을 값싸게 구매할 수 있는 할인권을 받았다. 부모는 엉뚱한 전단지를 보냈다며 월마트에 항의했지만 이들은 뒤늦게 딸의 임신 사실을 알게 됐다. 10대 딸이 구매한 상품 리스트에서 임신과 관련된 제품이 있는 것을 파악한 월마트의 전산시스템이 자동으로 이들에게 관련 상품 할인권을 보낸 것이다.

또 과거 소비자 구매 정보를 분석해 폭풍이 몰아치기 전날 딸기맛 팝 타르트 과자가 다른 품목보다 7배나 더 팔린 사실을 알게 된 월마트는 폭풍 예보가 나오면 이를 매장에 쌓아 놓아 매출을 크게 늘리기도 했다.

헬스케어와 결합한 패션

의류는 과거에는 신체를 가리고 보호하는 역할만을 했으나, 이제는 자신의 개성을 표현하는 수단이 됐다. 사물인터넷 시대가 되면 의류는 사람의 몸과 인터넷을 연결하는 매개체가 되어 우리의 건강을 모니터링하고 관리할 것으로 예상된다.

예를 들어 한 브랜드의 운동화는 신발 밑창에 움직임을 감지하는 모션 센서를 달았다. 이 센서는 사용자의 스마트폰과 연결되어 러닝 속도와 거리, 운동 주기 등을 기록해 사용자가 관리할 수 있도록 도와준다. 센서를 통해 인터넷으로 연결된 사용자들은 어디에서 누구와 얼마나 뛰었는지에 대한 내용을 서로 공유할 수 있고 이 정보는 운동화 제조업체에 제공된다.

과거에는 고객이 신발을 구입한 뒤에 느끼는 경험에 대해서만 알 수 있었지만, 센서 운동화의 등장으로 고객의 신발 구입을 위한 검색 단계에서부터 활용까지 모든 단계의 데이터를 가질 수 있게 됐다.

이러한 기능이 부가된 신발은 기존 신발보다 20~50% 높은 가격임에도 불구하고 출시 후 3년 동안 고객 만족도가 8% 상승했고 시장점유율 또한 14% 이상 높이는 효과를 보였다.

패션 분야에서는 사물인터넷의 초기 모델이 이미 폭넓게 활용되고 있다. 패스트 패션으로 유명한 스페인의 자라(ZARA)는 스

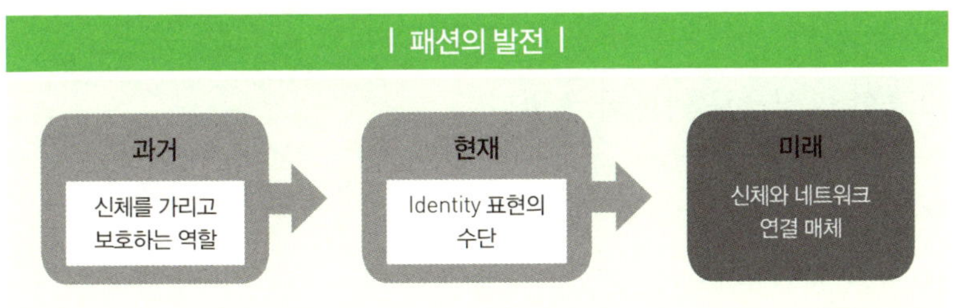

페인에 있는 두 개의 물류창고에서 전 세계 1,500여 개 매장에 의류를 공급하는 것으로 유명하다.

자라는 빅데이터 기술을 활용해 전 세계 매장의 판매 현황을 실시간으로 분석한 뒤 고객 수요가 높은 의류를 실시간으로 공급함으로써 재고를 줄이고 매출을 늘리는 결과를 낳고 있다. 유니클로와 H&M 등 다른 패스트 패션 업체도 자라만큼은 아니지만 ICT를 활용한 효율적인 물류 배송망을 갖춰놓은 상태다.

최근 패션분야에 적용되기 시작한 사물인터넷은 대부분 부가가치를 높이는 형태로 움직이고 있다. 삼성에버랜드는 겨울용 외투와 뜨거운 열이 나는 충전식 핫팩을 함께 조합한 제품을 판매 중이다. 현재 제품은 크기도 크고 한 번 충전하면 4시간 밖에 버티지 못하지만 앞으로 배터리 시간은 길어지고 크기는 작아질 것으로 예상된다.

티셔츠에 센서가 내장되어 자동으로 심박수가 체크되는 기기도 등장했다. 현재는 실시간 심박수를 체크해 자동으로 인터넷에 전송하는 것에 그치지만, 장기적으로는 실시간 의사 상담이 가능한 방식으로 확대하고 있다.

헬스케어산업도 서비스화

사물인터넷이 가장 활발하게 사용될 분야로 꼽히는 것은 헬스케어다. 이미 다양한 활용분야가 예고되고 있다.

자체 검사 기능을 갖춘 스마트 알약이 등장하면 환자는 이를 삼키기만 해도 다양한 진단이 가능해질 것으로 보인다. 환자에 대한 검사 횟수와 시간을 단축시킬 수 있다는 얘기다. 원격 모니터링 기기가 등장하면 환자가 병원에 직접 나갈 일이 크게 줄어든다. 입원 기간도 단축된다. 또 지역적 격차로 인해 우수한 의료

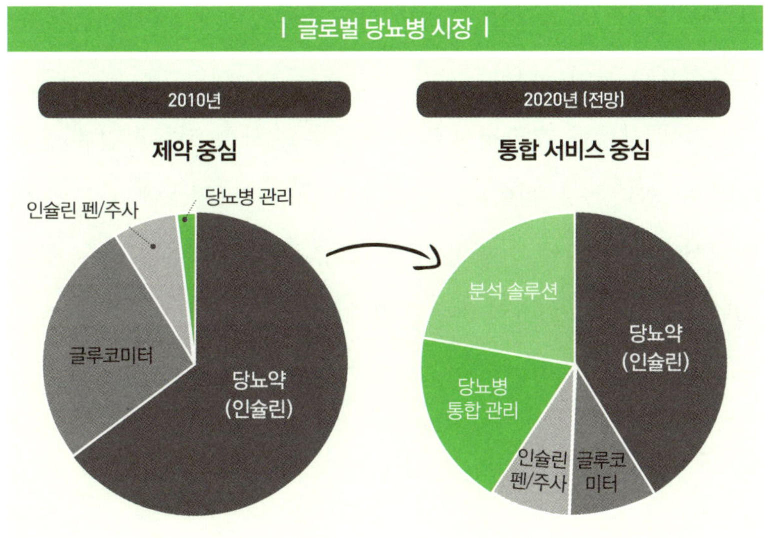

서비스를 받을 수 없던 사람들의 고민도 해결된다.

생체 이식 바이오칩에 대한 논의도 나오고 있다. 이것이 등장하면 몸에 이를 이식하는 것만으로도 실시간 검사가 가능해진다. 당장 당뇨병에 필수적인 혈당 측정 용도로 사용될 전망이다.

의료 서비스의 방식도 제약 중심에서 통합관리와 분석 솔루션을 제공하는 서비스 중심의 시장으로 바뀔 전망이다. 가장 효과적으로 사용될 수 있는 분야는 당뇨병이다.

당뇨병은 당뇨 전 단계부터 진단, 초기 치료, 당뇨 관리·합병증의 과정을 거친다. 문제는 당뇨병 진행 후기로 갈수록 비용이 급격하게 증가한다는 점이다. 특히 마지막 단계에 접어들 경우 환자 가운데 약 30%가 합병증 관리를 해야 하기 때문에 비용은 천문학적으로 늘어난다.

초기에 치료를 효과적으로 진행할수록 사회 전체적인 비용을 줄일 수 있다는 분석이다. 미국의 유나이티드헬스에 따르면 미국에서 사물인터넷을 활용한 당뇨병 치료가 이뤄질 경우 향후 10년간 2,500억 달러(약 267조 원)의 비용 절감이 예상된다.

윤종록

비욘 엥겔하르트

필립 페리에

게리 라일리

이동면

최종덕

하이메 바예스

매일경제신문은 비전코리아 제23차 국민보고대회가 열린 2014년 3월 20일, 행사 직후 글로벌 사물인터넷 전문가들과 좌담회를 가졌다. 좌담회에서는 윤종록 미래창조과학부 차관, 비욘 엥겔하르트 시만텍 아·태 부사장, 필립 페리에 르노삼성 R&D본부장(부사장), 하이메 바예스 시스코 아·태 총괄사장, 게리 라일리 영국 IBM 최고기술책임자(CTO), 이동면 KT융합기술원장, 최종덕 삼성전자 부사장이 참석했다.

» 윤종록 미래부 차관

올해(2014년)가 상업 인터넷서비스 20주년이다. 인터넷 경제를 통해 지난 20년 동안 많은 경제발전을 했고, 사회가 정보통신기술(ICT)과 사이버공간 등에 상당히 의존했다. 이것을 '인터넷 경제1.0'이라고 부르고 싶다. 하지만 이제 인터넷 경제1.0은 포화상태다. 이제 '인터넷 경제2.0' 시대로 가야 한다.

둘의 가장 큰 차이점은 오늘의 주제인 사물인터넷(IoT)이다. 지금까지의 세상이 사람과 인터넷이 연결되는 IoP(Internet of People)였다면 이제는 IoT다. 정확한 수치는 아니지만 인터넷이 지금 멈춘다면 30% 정도의 GDP가 사라질 것으로 예상한다. IoT에서 더 많은 가치를 창출해야 한다. IoT가 각 산업에 미칠 영향에 대해 설명해 달라.

» 하이메 바예스 시스코 아·태 총괄사장

우리는 IoE(Internet of Everything)이라고 표현한다. IoE는 큰 기회를 가져다준다. 기업들이 IoE를 통해 창출할 수 있는 가치는 14조 4,000억 달러, 공공 부문에서 창출될 가치는 4조 6,000억 달러에 달해 전 세계적으로 공공 및 비즈니스 부문에서만 총 19조 달러의 가치 창출이 가능한 것으로 전망된다. 생산성을 향상하고 더 나은 서비스를 제공할 수 있다. 모두에게 아주 큰 기회가 될 것이다.

국민보고대회 발표에서 말한 대로 센서 비즈니스가 중요하다. 하지만 우리가 과소평가하고 있는 핵심 포인트는 사람, 생태계, 프로세스, 데이터다. 데이터와 디바이스(IT기기), 사물, 사람을 연결하는 것이 필요하다. 그렇게 되면 새로운 에코시스템에 등장하는 스타트업 기업들에게 혁신적인 기회가 될 것이다. 한국의 네트워크 환경은 대단하다. 앞으로 10년간 IoE가 한국에서 2,500억 달러의 가치를 창출할 것이다.

» 최종덕 삼성전자 부사장

IoT는 단순히 테크놀로지와 비즈니스의 일부가 아니라, 거의 모든 테크놀로지와 제조를 통합한 것이다. IoT를 이해하려면 사물에 반응하는 디바이스가 필요하다. 삼성은 그런 디바이스 분야의 리더다. 스마트폰은 물론이고 냉장고, 청소기, 세탁기 등 가전에서도 리더다.

IoT의 가치를 제공하기 위해서는 저전력, 고성능의 하이 테크놀로지가 필요하다. 삼성은 메모리 분야에서도 20년간 리더 자리를 지키고 있다. 반도체, AP(스마트폰, 디지털TV 등에 사용되는 비메모리 반도체), 디스플레이도 마찬가지다.

디바이스와 부품을 제공하기 위해 강력한 플랫폼도 필요하다. 삼성은 자체 운영체제(OS) 타이젠을 개발하고 있고, SAMI(삼성의 사물인터넷 플랫폼, Samsung Architecture for Multimodal Interactions)도 있다. IoT는 이를 모두 통합해 하나의 IoT 부가가치(Value-Added) 패키지를 사용자에게 제공할 것이다. 삼성의 다음 세대 먹거리다. IoT를 위해 삼성의 모든 기술력과 리더십이 결합될 것이다.

» 윤종록 미래부 차관

삼성은 디바이스 분야 리더다. 알다시피 IoT에서는 데이터를 모으는 센서가 중요하다. 삼성의 센서 기술 전략은?

» 최종덕 삼성전자 부사장

삼성은 많은 분야에서 리더지만 따라잡아야 할 분야도 많다. 그 중 하나가 센서 사업이다. 유감스럽게도 삼성은 소프트웨어 분야의 글로벌 리더는 아니다. 하지만 열심히 노력하고 있다. 이제 우리는 약한 분야에서 가치를 제공하려고 한다. SAMI는 플러그앤플레이 등을 제공하는 대표적인 삼성의 소프트웨어다.

» 비욘 엥겔하르트 시만텍 아·태 부사장

우리는 2020년을 예상하려고 하지만 정확히 예측은 못한다. IoT 모습이 어떨지 모른다. 시스코가 말하는 '5,000만 개가 넘는 연결된 사물'은 2년 전 상상도 못했다.

IoT에서는 디바이스가 중요한데 모든 디바이스가 사람들에게 해킹할 빌미를 제공한다는 게 문제다. 소비자들은 사용자인터페이스(UI), 보안 등에 관심이 많다. IoT산업에서 시만텍의 역할은 보안 관련해서 어떤 부분들을 주시하고 주의해야 하는지를 알려주는 것이다. 보안은 사람들에게 안도감을 주는 것이다. 특히 한국은 보안에 예민하다. 디바이스 자체보다 정보 보안 관리 부분에서 다양한 방식이 있을 수 있다.

» 필립 페리에 르노삼성 R&D본부장(부사장)

우리 사업은 자동차를 넘어 그 이상으로 전개되고 있다. 많은 정보기술(IT) 기업들이 자동차사업으로 넘어오고 있고 우리는 이 영역을 지키기 위해 싸우고 있다. 비용절감을 위해 지속적으로 노력해야 하고, 새로운 가치를 추가해야 한다. 이런 관점에서 우리는 많은 서비스들을 시작하고 있다. IoT는 자동차에 새로운 가치를 부여할 수 있는 기회이자, 또 위기라고 할 수 있다. 한국에서 '창조성'이 가장 큰 도전이다. 창조성을 위해서는 교육이 핵심이다.

» 윤종록 미래부 차관

자동차가 하드웨어에서 소프트웨어로 이동하고 있다. 차세대 자동차 산업 전망은?

» 필립 페리에 르노삼성 R&D본부장(부사장)

최근 우리는 시스템 엔지니어링(하드웨어, 소프트웨어, 전략 등을 통합 관리) 팀을 따로 만들었다. 소프트웨어에 더 많이 투자할 필요성을 느낀다.

» 윤종록 미래부 차관

통신사 중심의 IT산업이 다른 축으로 이동하고 있다. 네트워크 위에 새로운 가치가 필요하다. 이동통신사들의 역할은?

» 이동면 KT융합연구원장

KT도 다른 사업자와 마찬가지로 IoT에 큰 관심을 갖고 있다. 관련해서 에너지, 헬스케어 등 큰 비즈니스 분야가 있다. KT도 그쪽으로 집중하고 있고, 에너지 관리, 물리적 정보 보안 등도 관심 있게 보고 있다. 이들 산업이 개방되고 실질적으로 시장이 빨리 성장할 수 있는지 여부는 우리 노력에 달려있다고 본다.

인터넷1.0 시대에는 그저 몇 개의 디바이스와 서비스가 있었다. PC 등 소수의 디바이스가 있었을 뿐이다. 그러나 인터넷2.0 시대가 갖는 특징은 '다양성'이다. 너무나 많은 디바이스와 서비스가 있다. 그런 다양성을 생태계를 통해 어떻게 관리하는지가 관건이다. 필립페리에 부사장 말대로 플레이어 간 이해관계가 상충해 충돌이 있을 수 있다.

하지만 확실한 건 생태계에서 서비스와 디바이스 부분이 분리될 것이라는 사실이다. 전 세계, 특히 한국 운영자들은 이런 생태계 도입을 위해 심각한 고민을 시작해야 한다.

» 윤종록 미래부 차관

IoT는 클라우드, 빅데이터와 연관이 크다. IBM에서 보는 클라우드, 빅데이터와 IoT의 관계는?

» 게리 라일리 영국 IBM 최고기술책임자(CTO)

IoT산업의 가장 큰 도전 중 하나는 플랫폼 분야다. 우린 그게 클라우드 챌린지라고 본다. 그 이유는 스타트업들에 오픈되고 무료로 접근할 수 있는 플랫폼이 필요하기 때문이다.

우리는 디바이스 시장이나 게이트웨이 시장에서 경쟁하지 않는다.

플랫폼, 솔루션 쪽에 주력한다. 난 플랫폼 공간에 관심이 있다. 우리는 사람들이 사용할 수 있는 오픈플랫폼을 원한다. 각각의 디바이스를 플랫폼으로 연결하면 훨씬 효율적이 될 수 있다. 이렇게 연결될 수 있는 사물이 정말 많다.

» 윤종록 미래부 차관

IoP는 사람의 지능이 있어서 알아서 연결하지만, IoT는 스스로의 지능이 없어서 클라우드와 같은 공간이 필요하다. 우리는 프로토콜(통신 규약)을 단순화하고 표준화할 필요가 있다. 디바이스와 네트워크 간 표준이 중요하다. 하지만 현재 세계에는 단순화, 표준화된 IoT 프로토콜이 없다. 좋은 방안이 없나?

» 게리 라일리 영국 IBM 최고기술책임자(CTO)

우리는 아주 많은 프로토콜을 갖고 있다. 맞춤형 사용성이 중요하다고 생각한다. IBM은 MQTT라는 사물인터넷 및 모바일에 적합한 양방향 통신 메시지 규약을 개발, 보유하고 있다. 보편성과 유연성 그리고 경량성과 신속성을 강점으로 가지고 있는 이 솔루션은 현재 여러 스마트 그리드, 스마트 시티 프로젝트에 도입된 바 있다.

» 하이메 바예스 시스코 아·태 총괄사장

난 그게 가장 큰 도전이라고 생각하지 않는다. 생태계, 보안, 콜라보레이션 등이 중요하다. 과거 사람들은 2~3개의 디바이스에 연결돼 있었지만 이제 200개 디바이스에 연결돼 있다. 우린 기술에 둘러싸여 있다. 인터넷이 멈추면 당연히 문제가 발생할 것이다. 가용성(Availability)이 아주 중요하지만 핵심은 연결성(Connectivity)이다. 시스코는 인터넷으로 세계를 연결해왔다. 표준보다도 변화에 따라 적절한 플랫폼을 활용해 네트워크 연결을 하는 것이 중요하다.

» 비욘 엥겔하르트 시만텍 아·태 부사장

IoT에서 보안은 장애, 방해 요소가 아니라 조력자(Enabler)다. 적절한 보안 시스템을 통해 사람들이 IoT를 활용할 때, 자유롭게 사용하면서 자기 정보가 프라이빗하게 유지될 것이라고 확신할 수 있다.

» 윤종록 미래부 차관

IoT에는 오픈 이노베이션 생태계가 필요하다. 오픈 이노베이션을 위한 전략은? 또 우리가 아무리 스마트 서비스를 창조해도 어떤 경우에는 규제 때문에 서비스를 제공할 수 없다. 특히 한국은 자동차 산업에서 무인자동차를 허용하지 않는다.

» 필립 페리에 르노삼성 R&D본부장(부사장)

대부분 국가는 무인자동차를 허용하지 않는다. 규제는 세계 곳곳에서 이슈로 제기되고 있다.

» 최종덕 삼성전자 부사장

다양한 기기 간 배관을 잘하기 위해 표준화된 파이프가 필요하다. 그러기 위해서는 오픈 스탠다드가 필요하고 오픈 이노베이션이 중요해진다. 그래야만 사람들이 쉽고 편하게 사용할 수 있을 것이다. 기술이 발전하고 진화하면서 규제도 함께 발전해야 한다. 하지만 진화와 발전의 속도에 규제의 속도가 따라가지 못한다. 둘 사이의 갭이 있어 혁신을 더디게 하고 있다.

» 윤종록 미래부 차관

창조경제를 실현하는 데 IoT에 좋은 기회가 있다고 생각한다. 한국은 50년간 제조에서 잘해왔는데, 이제 제품을 제조하는 데 그치지 않고 서비스 제공자로 바뀌어야 한다. 상품에 서비스를 IoT 기술로 접목해, 상품을 서비스화할 수 있다. 신발에 마이크로프로세서를 더하면 헬스 인디케이터가 된다.

PART 04

DIGITAL ONE KOREA

디지털 원 코리아,
한국의 미래

모멘텀 필요한 한국경제

아날로그에서 디지털로 바뀌는 1차 디지털 혁명의 승자였던 대한민국 경제가 2010년을 전후로 주춤하는 모습을 보이고 있다. 1990년대 연평균 6.7%였던 실질 국내총생산(GDP) 성장률은 2000년대 들어 4.3%로 하락했다. 2007년 2만 달러를 간신히 넘긴 1인당 국민소득도 빨라야 2017년, 늦으면 2020년은 되어야 3만 달러 돌파가 예상된다.

전문가들은 대한민국 경제가 장기 저성장 국면에 빠진 가장 큰 이유로 디지털 혁신역량의 하락을 꼽는다. 남보다 앞선 초고속인터넷과 이동통신기술로 세계 디지털 혁명을 선도했지만 스마트폰 이후 새로운 혁신의 모습이 자취를 감췄다는 얘기다.

한국이 자랑하는 스마트폰 분야에서도 경쟁이 치열하다. 중국

업체가 급성장하면서 세계 1위 삼성전자의 뒤를 바짝 쫓고 있다. 중국 업체는 이미 세계 최대 스마트폰 시장인 자국에서 시장점유율을 70%까지 끌어올릴 정도로 성장 속도가 빠르다.

최근에는 중국 레노버와 화웨이가 LG전자를 제치고 나란히 세계 시장 점유율 3위와 4위에 이름을 올렸다. 1위와 2위는 여전히 삼성전자와 애플이지만 그 격차는 매 분기마다 좁혀지고 있다. 여기에 레노버는 2014년 1월 한 때 세계 휴대폰 시장 2위였던 모토롤라의 휴대폰 부문을 인수하며 전열을 정비한 상황이다.

중국 업체의 적극적 진출로 스마트폰 시장도 PC처럼 저가기기 위주로 바뀌고 있다. 불과 4~5년 전만 해도 스마트폰 평균판

| 하락하는 스마트폰 가격과 중국 업체 급성장 |

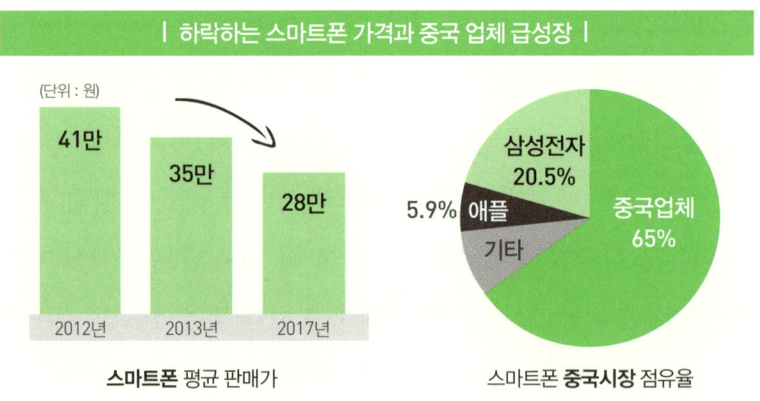

스마트폰 평균 판매가

스마트폰 **중국시장** 점유율

* 자료: IDC

매가격은 대당 600~700달러에 달했다. 하지만 시장조사업체인 IDC는 2013년 스마트폰 평균판매가격이 335달러로 떨어졌으며, 2017년에는 260달러까지 하락할 것으로 전망했다.

무서운 중국 업체 공습

중국 업체 가운데에는 레노버의 공세가 무섭다. 2013년 휴렛팩커드(HP)를 꺾고 세계 PC 시장에서 1위 업체가 된 레노버는 2014년 1월 구글로부터 모토롤라를 29억 1,000만 달러(약 3조 원)에 인수하며 세계를 놀라게 했다. 모토롤라 인수로 레노버는 단숨에 삼성전자와 애플에 이은 세계 3위 스마트폰 생산업체가 됐다.

레노버의 스마트폰 판매량은 2012년 2,350만 대에서 2013년 4,550만 대로 2배 가까이 늘어나며 세계 판매량 순위에서 5위를 차지했다. 모토롤라 인수로 레노버의 판매량 순위는 중국의 화웨이(5.1%)와 한국의 LG전자(4.8%)를 꺾고 삼성전자(32.3%)와 애플(15.5%)에 이어 3위(6%)가 됐다. 아직 1~2위 업체와의 격차가 크지만 레노버의 생산 능력에 모토롤라의 브랜드가 결합된다면 시장에서 치열한 경쟁이 예상된다. 특히 스마트폰 업계에서는 레노버가 2005년 IBM으로부터 부진한 노트북 사업을 인수해 이를 세계 1위로 끌어올린 점을 주목하고 있다.

레노버의 모토롤라 인수로 세계 4위 스마트폰 제조업체가 된 중국 화웨이테크놀로지는 2014년 공격적인 경영 목표를 세웠다. 전 세계 시장에서 최소 8,000만 대, 최대 1억 대의 스마트폰을 판매하겠다는 것이다. 특히 화웨이의 경우 저가 시장뿐 아니라 고가 시장도 공략하겠다는 전략이다. 제품 가격을 올려 삼성전자, 애플과 함께 하이엔드 시장에서 정면 승부를 펼치겠다는 계획이다.

시장조사업체 IDC 집계에 따르면 2013년 화웨이의 글로벌 스마트폰 판매대수는 4,880만 대다. 2012년에 비해 68%나 급성장한 수치다. 2014년에는 여기에 못지않은 성장세를 올리겠다는 전략이다. 화웨이의 야심찬 계획이 실현되면 2012년 4.0%에 불과했던 화웨이의 글로벌 스마트폰 시장 점유율은 2013년 4.9%에 이어 2014년에는 8.0%까지 올라서게 된다.

신생업체인 중국의 샤오미(小米)도 무섭게 떠오르고 있다. 2010년에 창업한 샤오미는 2013년 1,860만 대의 스마트폰을 판매했다. 2013년 4분기에만 740만 대를 판매해 애플과 ZTE를 제치고 중국 스마트폰 시장 5위에 올랐다.

샤오미는 '가격은 싸지만 웬만한 기능은 다 갖춘 스마트폰 생산업체'로 요약할 수 있다. 쉽게 얘기해서 삼성전자 스마트폰의 하드웨어 사양에 가격은 절반이라는 뜻이다.

샤오미가 이렇게 낮은 가격을 책정할 수 있는 것은 애초에 스마트폰에서 많은 이익을 남길 생각을 버렸기 때문이다. 오프라인 유통보다 온라인 유통을 활용해 유통마진을 절반으로 줄였고 액세서리와 애플리케이션 등 부가서비스를 늘려 수익을 높여 나가는 전략을 취했다. 또 제한된 시간에 파격적인 가격으로 제품을 판매하는 '헝거 마케팅'을 통해 소비자들의 주목도를 높였다. 2013년 11월에 출시한 'MI-3' 모델은 10분 만에 15만 대 물량이 전부 소진되는 성과를 거두기도 했다.

좁혀지는 한-중 기술격차

중국이 거세게 추격하는 분야는 스마트폰에 국한되어 있지 않다. 전 분야에서 중국의 기술경쟁력은 한국 뒤를 바짝 쫓아오고 있다. 산업연구원 분석에 따르면 2002년 4.7년이던 한-중 제조업 기술격차는 2011년에 3.7년으로 줄었다. 정보통신기술(ICT)과

자동차 등 핵심 주력 산업을 제외한 많은 산업의 격차는 2~3년 내로 줄었다는 것이 연구원의 분석이다.

한국과학기술기획평가원 분석에 따르면 한-중 국가전략기술 격차는 2002년 3년에서 2012년 1.9년으로 좁혀졌다. 철강산업은 이미 기술격차가 1년으로 줄었고 ICT산업에서도 2.4년까지 간극이 좁혀졌다. 핵융합 기술의 경우 우리나라와 중국의 기술격차가 없는 것으로 조사됐고, 우주발사체 개발기술 등 13개 기술은 오히려 중국이 앞선 것으로 나타났다.

중국은 우리를 바짝 뒤쫓아 오고 있는 반면 선진국과 우리의 기술 격차는 아직 좁히기 어려운 수준이다. 세계 최강 기술 선진국인 미국은 여전히 우리를 4.7년 차이로 앞서고 있고 유럽연합(EU)의 기술 수준도 우리보다 3.3년 빠르다. 일본에 비해서도 우

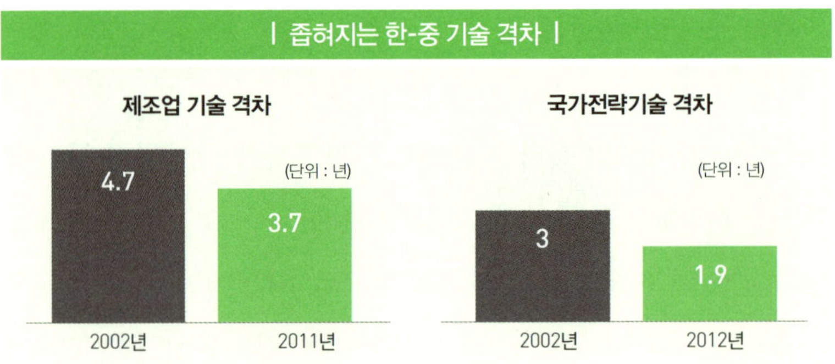

* 자료: 산업연구원, 한국과학기술기획평가원

리나라가 3.1년 기술 수준이 뒤진다.

중국 기술경쟁력이 우리나라 턱 밑까지 쫓아오면서 주력 산업의 세계 수출시장 점유율에도 큰 변화가 생겼다. 철강의 경우 2000년까지만 해도 우리나라가 세계 수출 시장의 5.2%, 중국이 3.1%를 차지했지만 2012년에는 중국이 9.2%로 급증한 반면 우리는 6.3%의 견조한 성장에 그치며 한-중 관계가 역전됐다.

기계에 있어서도 우리나라는 같은 기간 3.4%에서 3%로 줄어든 반면 중국은 3%에서 18.9%로 수출점유율을 크게 올리며 우리나라와의 격차를 넓혔다. 조선의 경우 2000년만 해도 우리나라가 전체 수출시장의 21.2%를 기록하며 중국(4.2%)을 큰 격차로 제치고 독보적인 위치를 자치했지만 2012년에는 두 나라 모두 26%의 수출시장 점유율을 기록하며 대등한 경쟁관계에 놓였다.

넥스트 스마트폰 전략 부재

중국 업체가 치열한 공세로 다가오는 가운데 삼성전자가 과연 '넥스트 스마트폰' 전략을 효과적으로 마련할 수 있을까? 우리

경제 구조에서 삼성전자가 차지하는 비중은 매우 크다. 금융정보업체 에프앤가이드에 따르면 국내 주식시장에 상장된 기업 중 제조업체의 순이익은 2007년 50조 원으로 추정된다. 이 가운데 삼성전자는 7조 4,000억 원으로 전체의 14.8% 비중을 차지했다. 이러한 비중은 2013년 39.1%까지 커졌다. 전체 79조 원에서 삼성전자가 30조 4,000억 원을 기록하며 제조업 내 삼성전자에 대한 의존도를 크게 높인 것이다.

또 정보통신산업(ICT)과 자동차, 철강, 조선, 화학 등 우리나라 경제를 이끄는 주력 5대 산업의 순이익 비중을 보면 2007년만 해도 5개가 균형 있게 분포했다. ICT가 전체의 40%로 5대 산업의 순이익을 이끌고 철강 20%, 조선 15%, 자동차 14%, 화학 11% 등으로 뒤를 이었다. 한 업종이 잘못되더라도 나머지 업종이 이를 보완하며 안전판 역할을 한 것이다.

이러한 순이익 구조는 2013년을 보면 전혀 다른 모습이다. ICT와 자동차가 전체의 95%를 차지하고 나머지 3개 산업이 차지하는 비중이 급속히 줄어든 것이다. ICT의 경우 스마트폰과 반도체 수출 등으로 인해 전체 순이익의 62%를 차지하고 있다. 자동차의 비중도 33%에 달한다. 반면 과거 10% 이상의 순이익을 담당하며 대한민국 경제를 견인했던 철강과 조선은 각각 5%

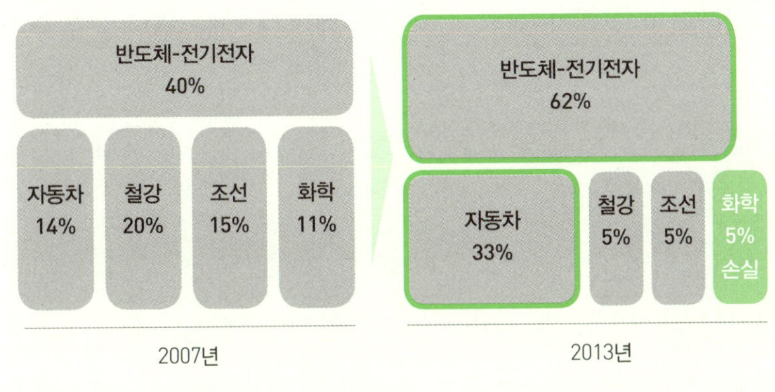

* 자료: 에프앤가이드

로 추락했고 화학은 5% 가량 손실로 전락했다.

이는 반도체와 전기전자, 자동차를 제외한 다른 산업의 순이익 비중이 급락하면서 특정 산업에 대한 쏠림현상 위험이 커졌다는 분석이다. 결과적으로 삼성전자가 '넥스트 스마트폰' 시대에 제대로 된 대처를 하지 못할 경우 우리나라 경제 전체에도 큰 악영향을 줄 수 있다는 얘기다.

위기의 구원투수 ICT산업

대한민국 경제가 위기에 빠졌을 때마다 이를 구한 구원투수 역할을 톡톡히 한 것은 정보통신기술(ICT)산업이다. 우리나라 전체 수출 증가율을 보면 ICT산업의 모멘텀에 따라 등락을 거듭한 것을 볼 수 있다.

ICT산업의 1차 모멘텀은 PC와 반도체로 이야기된다. 외환위기 이후 대한민국 경제가 큰 어려움을 겪을 때 반도체 경기 호황으로 고비를 넘겼다. 이 기간 중 1999년 ICT산업 수출증가율은 33.4%, 2000년은 29.4%를 기록했다. 이에 힘입어 외환위기 직후인 1998년 마이너스 5.7%까지 추락했던 우리나라 경제성장률은 1999년 10.7%, 2000년 8.8%로 반등할 수 있게 됐다.

ICT산업이 우리 경제에 기여한 2차 모멘텀은 2000년대 초반이다. 당시 전 세계적으로 PDP와 LCD 등 평판TV에 대한 수요가 급증하면서 평판 디스플레이 수출이 크게 늘어난 것이다. 2001년 잠시 감소했던 ICT산업 수출증가율은 2002년 17.3%, 2003년 22.9%, 2004년 31.4%를 기록하며 고공행진을 지속했다. 2004년의 경우 국내총생산(GDP) 대비 ICT산업 수출 비중이 사상 최고치인 35.4%를 기록하기도 했다.

ICT산업이 일으킨 3차 모멘텀은 스마트폰을 포함한 휴대폰이다. 글로벌 금융위기로 어려움을 겪던 대한민국 경제를 살려낸 효자상품이다. 휴대폰 판매 증가로 인해 2010년 ICT산업 수출 증가율은 27.3%까지 늘었고 같은 해 경제성장률 6.3%를 기록하며 전년도 0.3%의 저성장에서 벗어나는 계기가 됐다.

4차 모멘텀 IoT

'넥스트 스마트폰'이면서 대한민국 경제를 이끌어 갈 4번째 모멘텀으로 꼽히는 것이 사물인터넷(IoT)이다. 사물인터넷은 제조

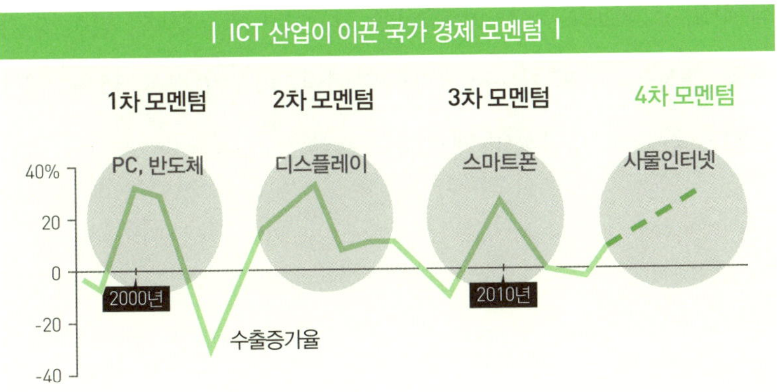

업의 혁신을 이끌고 새로운 벤처붐을 창출할 수 있는 동력이 될 것으로 기대된다. 스마트폰 이후 흔들리는 ICT산업뿐 아니라 다른 산업에까지 파급효과가 클 것이라는 분석이다.

매일경제신문과 컨설팅회사인 베인앤컴퍼니 분석에 따르면 사물인터넷(IoT)이 정보통신기술(ICT)과 자동차, 철강, 조선, 석유화학 등 대한민국 주력 5대 산업에 확산될 경우 이들이 2020년까지 얻게 되는 부가가치의 총합이 30%인 것으로 분석됐다. 사물인터넷을 적용하지 않을 때보다 성장 폭이 커진다는 설명이다.

구체적으로 이들 산업에 사물인터넷이 확산될 경우 2012년 1,357조 원에서 2020년 2,323조 원으로 성장할 것으로 예상된다. 늘어나는 전체 부가가치의 절반을 넘는 536조 원이 사물인터넷 쪽에서 생긴다. 생산성 향상을 통한 비용절감과 신사업 창출이 이뤄낸 결과다. 가장 큰 혜택을 입는 분야는 40%가 넘는 부가가치 향상이 기대되는 자동차산업이다. ICT의 경우 35%, 철강산업은 27%의 고성장이 예상된다.

제조강국 한국에 IoT는 경제 도약 기회

2020년이 되면 사물인터넷은 전 세계 경제의 3분의 1에 영향을 미치게 될 것입니다. 사람들은 생활 전반에 걸친 다양한 정보가 기기를 통해 축적되고, 기업들은 이러한 정보를 활용해 영화에서나 볼 수 있었던 방식으로 소비자들의 욕구를 충족시킬 것입니다.

사물인터넷은 전 세계 선도기업들이 사업 운영 방식을 개선하고 제품을 차별화하며 경쟁의 기반을 재정의할 수 있는 숨은 기회를 제공할 것입니다. 전통적인 제조강국인 한국은 혁신과 기업가정신을 앞세워 사물인터넷 시대에 다시 한 번 경제 도약의 기회를 맞이할 수 있을 것이며, 세계무대에서 더욱 강력한 영향력을 행사할 수 있게 될 것입니다.

Chapter 02

IoT 혁신 역량을 높여라

IoT를 위해 뛰는 각국

• 독일

독일 경제를 흔히 '브레이크 없는 자동차'에 비유한다. 아우토반을 질주하는 독일 자동차처럼 글로벌 경기부진에도 불구하고 유럽 주요국가 가운데 가장 탄탄한 성장세를 유지하고 있기 때문이다.

글로벌 금융위기 직후인 2010년에도 독일 경제는 연 4%의 성장률을 보였다. 2013년에 연 0.5%로 다소 주춤했던 성장률은 2014년 1.7%, 2015년에는 2%로 다시 올라설 것으로 예상된다.

독일 경제에서 가장 주목되는 부분은 낮은 실업률이다. 2005년 11.3%까지 치솟았던 실업률은 2010년 7.1%로 안정세를 보인 뒤 2013년에는 5%대에서 마감됐다. 2014년에는 이보다 낮은 4%대 진입도 예상된다.

독일 경제 호조의 비결로 제조업을 중심으로 한 '클러스터'를 꼽는 전문가들이 많다. 독일은 1990년 통일 이후 경제성장률이 둔화되기 시작하면서 1995~2005년 중에는 잠재성장률을 밑도는 연평균 1.3% 성장에 그쳤다. 동서독 경제 통합을 위한 막대한 통일비용 지출로 각종 경제적 부작용도 속출했다.

이를 타개하기 위해 독일 정부가 정책적으로 추진한 것이 산학연 클러스터다. 폴란드와 국경을 맞대고 있어 구 동독 내에서도 못 살던 곳인 작센의 '실리콘(반도체) 작소니'와 베를린 교외 '아들러스호프'가 대표적이다.

독일 베를린 교외의 아들러스호프.

페터 노트나겔 작센경제개발공사(WFS) 국장은 "1990년대 작센주 상황은 지금의 북한과 비슷했다"며 "경제개발을 위해서는 제조업을 육성해야 했고 이를 위해서는 양질의 노동력이 가장 필요했다"고 설명했다.

작센은 드레스덴공대를 독일 최대 기술대학으로 육성하고 막스플랑크연구소와 프라운호퍼연구소 등 독일 최고 싱크탱크 집단을 유치했다. 우수한 인재가 모이자 기업들도 하나둘씩 모여들었다.

폴크스바겐의 최고급 럭셔리 세단인 페이톤과 BMW의 미래를 상징하는 전기차 i3가 이곳에서 생산된다. 글로벌파운드리와 인피니온, IBM, 인텔 등 반도체 기업이 하나둘씩 모여들면서 유럽 최대, 세계 5위의 반도체 클러스터라는 명성도 얻고 있다.

하르트무트 피들러 독일 작센주 경제부차관은 "1990년대 1인당 국내총생산(GDP) 1만 달러이던 작센주가 2012년 6만 4,700달러의 고소득 도시가 된 배경은 클러스터가 키워낸 강한 제조업"이라고 설명했다.

베를린 시내에서 차로 30분 거리에 위치한 아들러스호프는 동독 과학아카데미와 방송국 터에 자리를 잡은 산학연 클러스터다. 통일 직후 사람들이 떠나 폐허와 다름없던 이곳에 독일 정부가 1991년부터 15억 유로를 들여 클러스터를 조성하기 시작했다. 훔볼트대가 베를린 시내에 있던 6개의 자연과학 관련 학부를 이곳으로 옮겼고 헬름홀츠와 프라운호퍼와 같은 독일의 우수연구기관도 이곳에 분원을 냈다.

양질의 노동력에 사무실 임대료도 싼 아들러스호프에 기업들도 하나둘씩 모이기 시작해 2013년 말에는 1,000여 개까지 늘었다. 이곳에서 일하는 직원 수도 1만 5,000여 명에 육박한다. 아들러스호프는 서울 여의도와 비슷한 420만㎡의 넓은 부지에도 불구하고 벌써부터 좁다는 소리가 나올 정도다.

현대경제연구원에 따르면 독일의 제조업은 2012년 기준 총부가가치의 22.4%, 일자리 부문에서도 제조업 직접고용 727만 명, 제조업 서비스 등 간접고용 710만 명으로 전체의 약 35%를 차지하며 국가 경제의 중추 역할을 하고 있다. 또 유럽 총 제조업 부가가치의 30%를 차지하고 경상수지 흑자도 2011년 이후 중국을 제치고 세계 1위를 유지하는 등 제조업 경쟁력이 높게 평가받고

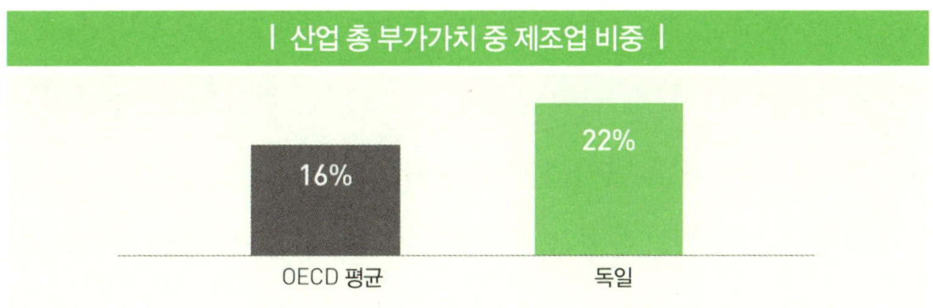

* 2012년 기준, 자료: 현대경제연구원

있다.

기술력에 있어서도 세계 최고 수준이지만 제조업에 대한 독일에서의 위기감도 크다. 우선 독일의 제조업 비중이 하락하고 있다. UN 분석에 따르면 독일이 전 세계에서 차지하는 제조업의 부가가치 비중이 1995년 8.9%에서 2011년 6.5%로 낮아진 반면, 중국의 비중은 같은 기간 4.4%에서 21.0%로 급등했다. 독일의 세계 수출시장 점유율도 2000년대 중반까지 9.5%를 유지했지만 2011년 8.7%로 하락했다.

또 낮은 출산율과 고령화 등으로 생산인구가 감소하는 등 인구구조적 변화도 심화되고 있다. 유로스태트 자료를 보면 독일의 생산인구는 1995년 5,570만 명에서 2005년 이후 빠르게 감소하면서 2012년 기준으로 5,410만 명까지 줄었다.

반면 노인부양비율(15~64세 인구가 65세 이상 인구를 부양해야 하는 비율)은 1995년 22.5%에서 2012년 31.4%로 급등했다. 생산가능인구는 2013년부터 2025년까지 2012년보다 약 500만 명 줄어드는 반면, 노인부양비율은 2025년 40.2%로 높아지는 등 인구구조의 빠른 변화가 예상된다.

고임금 사회의 연속성을 유지하기 위해 노동생산성을 높이는 것도 과제다. 2000년대 이후 독일의 노동 비용 상승은 낮게 유지됐지만 임금 수준 자체가 높기 때문에 생산성을 꾸준히 높여야만 한다. 경제협력개발기구(OECD)에 따르면 독일의 2011년 구매력 기준 평균 임금은 4만 200달러로 일본의 3만 5,100달러, 프랑스 3만 8,100달러 등에 비해 높다. 단위노동비용 상승률도 2000~2008년 평균 0.1%로 낮게 유지됐지만 2008년 글로벌 금융위기 이후 2009~2012년까지 평균 2.2%로 높아졌다.

에너지 등 자원효율성도 높여야 한다. UN 등의 자료를 보면 독일의 에너지 자급률은 40.1%로 미국 85%, 중국 89.2%의 절반 수준에 불과하지만 최종 에너지 소비량은 미국 등에 이어 세계 5위 수준으로 높다. 특히 에너지 등 자원 소비 비중이 높은 제조업의 비중(총 부가가치 대비 기준)은 2011년에 독일이 22.6%로 미국(12.6%) 일본(19.1%)에 비해 높게 조사됐다.

여기에 미국과 일본 등 경쟁국들의 제조업 강화 정책에도 대응해야 한다. 미국의 오바마 행정부는 첨단 제조업 강화 전략 등 산업 경쟁력을 높이는 정책을 추진 중이다. 글로벌 금융위기 이후 경기 침체가 장기화되면서 실업률 감소, 중산층 복원 등을 위해 제조업의 중요성이 커졌다. 또 셰일가스 개발에 따른 생산비용 절감 등으로 제조업의 경쟁력을 높일 수 있는 계기가 마련됐다. 이를 바탕으로 오바마 정부는 법인세 개편과 해외진출기업의 국내 이전 장려, 제조업 혁신 허브 증설, 수출 확대 정책 등으로 제조업 경쟁력을 높이는 전략을 추진 중이다.

일본 아베 정부도 아베노믹스를 통해 일본경제의 구조적인 문제를 해결하고 장기 경기 침체를 탈출하기 위한 산업경쟁력 강화를 모색하고 있다. 이를 위해 아베 정부는 2013년 6월 6대 전략 37개 과제로 구성된 산업재흥플랜을 제시했다. 이는 긴급구조개혁프로그램(산업신진대사 촉진), 과학기술이노베이션 추진, 세계최고 수준의 IT사회 실현, 고용제도 개혁, 인재력 강화 등 제조업 경쟁력을 높이기 위한 전략으로 구성됐다.

이러한 위기감에서 독일이 2013년부터 적극적으로 추진하고 있는 것이 사물인터넷을 통해 제조업 생산성을 늘리는 전략인 '인더스트리 4.0(Industry 4.0)'이다. 이는 제조업과 같은 전통 산업에 IT 시스템을 결합해 일반 제조업 설비를 '스마트 공장(Smart Factory)'으로 진화시키자는 것이다. 독일 국가과학위원회는 인더스트리 4.0 전략이 효과적으로 정착될 경우 독일 제조업 산업 생산성이 30%까지 향상될 것으로 전망했다.

독일이 '4.0'이라는 이름을 붙인 것은 이를 4차 산업혁명으로까지 생각하기 때문이다. 1차 산업혁명이 일어난 18세기 후반에 제조업은 물증기의 동력화를 통해 생산이 비약적으로 늘어나는 결과를 낳았다. 20세기 초반에 일어난 2차 산업혁명 때는 제조업에 전력이 도입되면서 대량 생산이 본격화됐다. 1970년대 이후 ICT 보급이 확산되면서 생긴 변화는 3차 산업혁명이 속한다. 이때는 생산 방식이 부분 자동화되면서 고용이 줄어드는 현상이 발생했다.

독일 정부는 4차 산업혁명이 2020년 이후 본격화될 것으로 분석했다. 사물인터넷과 제조업이 본격 융합하면서 기계 스스로 생산을 통제하는 시대가 올 것으로 본 것이다.

사물과 서비스 간 인터넷의 확산으로 지능형 생산시스템이 구축되면서 기존 제조업의 생산 방식을 스마트-그린-도심형 생산으로 전환시킬 것으로 예상된다. 스마트 생산은 고정밀, 고품질, 고객 맞춤형·소량 생산을 추구하는 것이고, 그린 생산은 자원 효율성이 높고 지속가능한 생산을 말하며, 도심형 생산은 거주지와 가까운 곳에 생산 공장이 위치하는 것이다.

독일 인공지능연구센터(DFKI)는 세계 최초로 '스마트 공장'을 실현할 수 있는 시스템을 개발하고 여러 곳에서 시험 가동 중이다. 지멘스와 보쉬 등 독일 대기업들도 사이버 물리 시스템 구축을 통한 생산 공정의 스마트화에 적극 참여하고 있다.

인더스트리 4.0은 기존 생산 방식을 미래형 생산 방식으로 바꿔놓을 것으로 기대된다. 제품에 내장된 IT 시스템을 통해 정확한 수요를 예측하고, 자동화된 시스템에 따라 제품 생산, 스마트 물류 시스템에 의해 재고가 부족한 곳에 상품이 배송되는 인텔리전트한 생산 체계가 구축될 것이다. 특히 스마트한 생산 방식은 각기 다른 곳에 위치하더라도 자원 효율성을 극대화할 수 있는 공급자의 신속한 참여 등도 유도할 수 있다.

또 제품, 생산과정, 서비스 등 임베디드 시스템을 통한 다양한 빅데이터가 형성됨으로써 이를 활용한 새로운 가치 창출과 고용 형태 다변화도 가능해진다. 임베디드 시스템을 통해 생산 체계와 고객 등에 대한 다양한 데이터를 생성하고 이를 활용할 경우 새로운 사업 기회와 다양한 고용 형태들이 등장하는 것이다.

중요한 부분은 스마트·도심형 생산의 활성화가 일과 가정의 양립에 긍정적으로 작용할 것으로 보인다는 사실이다. IT와 생산체계의 결합으로 업무 유연성이 확대되고 도심형 생산이 늘어날 경우 일-가정의 양립이 가능하게 되는 것이다.

조호정 현대경제연구원 선임연구원은 "독일의 인더스트리 4.0은 에너지와 의료, 운송 등의 효율성을 증대시켜 제조업 세계 선도자로서 지위를 확고히 할 것으로 보인다"고 분석했다.

| 유로존 먹여 살리는 독일과 영국 |

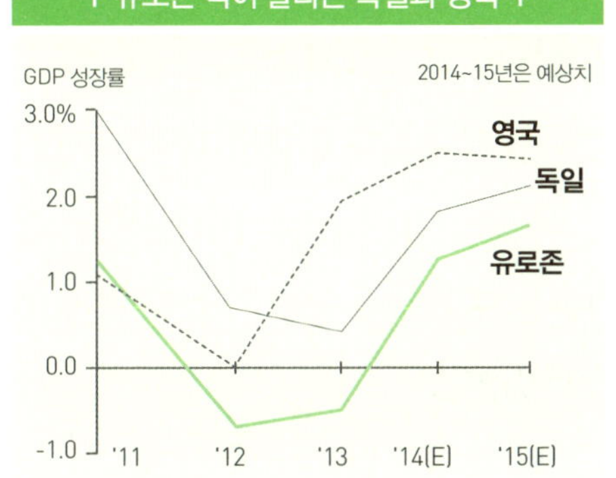

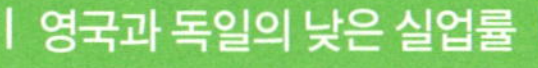

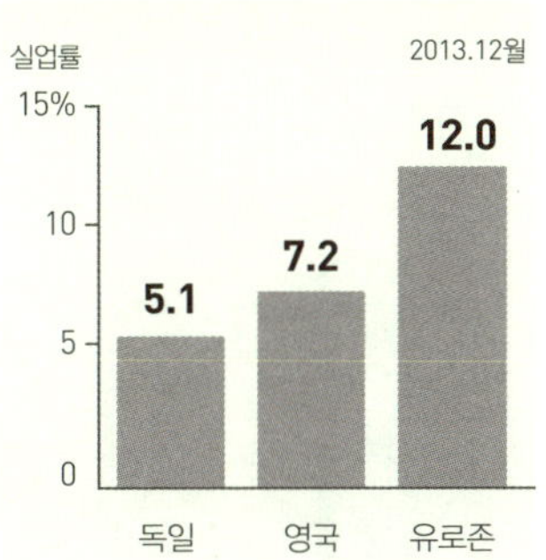

* 자료: 영란은행, 분데스방크, 유로스탯

- **영국**

영국 수도 런던의 교통청은 2015년부터 지하철을 24시간 운행하려는 계획을 준비 중이다. 외국 관광객들이 많이 찾고 국내 경기도 좋아지면서 밤늦게까지 쇼핑을 즐기는 사람들이 늘었기 때문이다. 영국의 가계소비는 2012년 1.2%에서 2013년 1.8%로 껑충 뛰었다.

런던의 관문으로 통하는 히드로공항은 2013년 말부터 신규 활주로 건설을 논의하고 있다. 영국으로 오는 사람과 물류가 최근 1~2년 새 크게 증가하면서 기존 2개의 활주로로는 도저히 수요를 맞출 수 없기 때문이다. 경제에 온기가 돌면 필수적으로 진행되는 인프라스트럭처 투자가 벌써부터 필요해졌다는 얘기다.

영국을 상징하는 시계탑 빅벤.

늙은 제국으로 불리던 영국이 다시 뛰고 있다. 2008년 금융위기 이후 어려움을 겪었지만 신발 끈을 단단히 동여맨 것이다.

폴라 프리드만 영국투자청(UKTI) 국장은 "2008년 금융위기는 오만하던 정부와 가계, 기업 모두를 초심으로 돌아가게 했다"며 "기존의 틀을 깨야 미래가 있다는 생각이 절실했다"고 설명했다.

2013년 말 찾은 런던 남서부 외곽 뉴몰든 지역의 전자제품 전문 매장 커리스(Currys & PC World). 런던 인근에서 가장 큰 점포 가운데 하나인 이곳은 2013년 매출이 전년보다 10%가량 늘었다. TV와 PC보다는 세탁기, 냉장고, 오븐 등 생활가전제품을 찾는 고객이 증가한 게 컸다. 게리 산솜 커리스 매니저는 "생활가전제품은 유행에 민감한 것이 아니어서 돈이 없으면 소비자들이 제일 먼저 구매를 중단한다"며 "이들 제품의 판매가 늘었다는 얘기는 경기가 정말 살아난다는 증거"라고 설명했다.

영국 경제가 2013년부터 본격적으로 회춘(回春)하는 모습을 보이고 있다. 런던의 금융 중심지인 '시티(City)' 사람들은 영화 스타워즈 제목에 빗대어 '브리튼의 역습(Britain Strikes Back)'이라고 얘기할 정도다.

금융위기 직후인 지난 2008년 마이너스 4.3%까지 추락했던 영국 경제는 2013년 1.4%의 성장률을 기록했다. 유럽의 경제 맹주인 독일(0.5%)을 제쳐 유럽연합(EU)을 놀라게 만든 것이다. 내친김에 2014년에는 전년도의 두 배 가까운 2.5%의 성장을 기대하고 있다. 반면 유로 통화 사용 국가들의 평균 성장률은 2013년 마이너스 0.5%, 2014년에는 겨우 플러스 0.5%에 그칠 전망이다.

영국의 경제성장은 일자리로 이어지고 있다. 2013년 말 발표된 고용지표를 보면 2013년 10월 영국 실업률은 2009년 이후 역대 최저 수준인 7.4%까지 떨어졌다. 컨설팅회사인 CBI와 액센추어의 조사에서는 영국 기업들의 51%가 2014년에 고용을 늘릴 계획이라고 답했다. 고용이 늘면서 금융 부문은 평균 급여가 2013년에 비해 6%나 오르기도 했다.

영국경제기업센터(CEBR)는 영국의 경제성장률과 인구 증가 추세가 이어진다면 영국 경제규모가 2030년에 유럽 최대가 될 것이라는 전망도 내놨다. 2018년에 프랑스를 추월하고 2030년에는 독일마저 제친다는 얘기다. 프랑스와 독일의 인구 고령화가 심화되는 반면 영국의 출산율은 이들보다 높기 때문이다.

영국 경제 부활의 이면에는 범정부 차원의 정책적 노력이 중요했다. 우선 중앙은행인 영란은행은 금융위기가 발발한 2008년 10월에 기준금리를 5.0%에서 4.5%로 선제적으로 내린 뒤 이듬해 3월 이를 0.5%까지 낮췄다. 경기를 살리기 위해 제로금리에 가까운 극약 처방을 한 것이다. 0.5% 기준금리는 아직도 이어지고 있다.

독일, 프랑스 등 유로존 국가들이 만기가 있는 유동성 대출을 통해 소극적인 부양정책을 쓴 반면 영국은 직접적인 채권매입을 통한 대규모 양적완화를 시작했다. 2009년 3월 750억 파운드(약 130조 원)의 양적완화 한도를 설정한 영국은 이후 6회에 걸쳐 3,750억 파운드(약 650조 원)까지 한도를 늘렸다. 2012년 7월부터는 담보만 있으면 낮은 금리로 대출을 해주는 FLS(대출자금지원제도)를 시행해 가계대출과 기업대출 늘리기에 활용하고 있다.

영국 정부도 경제구조개혁과 함께 법인세 낮추기에 나섰다.

2013년까지 23%이던 영국의 법인세는 2014년 21%로 떨어진 뒤 2015년에는 20%까지 낮아진다. 이는 동유럽 국가의 법인세 수준과 비슷하다. 인근 국가인 프랑스, 이탈리아 등의 법인세는 아직도 30%대를 고수하고 있다.

여기에 기업이 연구개발(R&D)을 할 경우 총비용의 125~150%까지 추가적으로 세금을 깎아준다. 기업하기 좋은 환경은 외국인 직접투자(FDI)의 증가로 이어졌다. 유엔무역개발회의(UNCTAD)에 따르면 2012년에 영국의 FDI 유입액은 22% 상승했다. 금액으로 620억 달러가 들어오며 유럽 국가 중 1위를 차지한 것이다.

효율적인 노동시장 구조조정도 경기회복에 한 몫 했다. 영국은 노동자들을 파트타임으로 이동하거나 낮은 임금을 수용하도록 유도했다. 이에 따라 2013년 2분기 기준으로 영국의 시간제 노동자 비중은 전체 노동자의 25.8%에 달한다. 이는 이탈리아(17.8%), 스페인(16.3%), 그리스(8.0%) 등과 비교해 월등히 높은 수치다. 또 세계경제포럼(WEF)이 최근 발표한 노동시장 효율성 지수에서 영국은 5위를 보인 반면 독일(41위), 프랑스(71위), 스페인(115위), 이탈리아(137위) 등은 하위권을 기록했다.

영국 경제 회복의 견인차 가운데 하나가 사물인터넷이 포함된 창조산업이다. 2013년 400억 파운드 매출을 올린 창조산업은 영국 전체 고용의 5%를 책임지고 있다. 여러 산업 중에서 매년 두 자릿수로 고용이 늘어나는 유일한 분야가 창조산업이다.

영국의 창조산업은 그동안 문화콘텐츠가 중심이었지만 금융위기 이후 정보통신산업(ICT)으로 축이 이동하고 있다. ICT 강화를 위해 지난 2010년 데이비드 캐머론 총리 취임과 동시에 야심차게 추진되고 있는 것이 '테크시티(TechCity)' 프로젝트다.

영국의 실리콘밸리를 꿈꾸는 테크시티는 영국 런던 북동부 지역의 올드 스트리트를 중심으로 형성되어 있다. 이름 그대로 오래된 슬럼가에 가까운 이곳은 임대료가 저렴해 2000년대 초반부터 돈이 없는 창업기업들이 하나둘씩 사무실을 내기 시작했다. 테크시티 선포 이후 2011년 영국 정부가 전담 기구를 만들면서 당시 200개이던 입주기업이 2013년 말에는 1,300여 개로 늘었다. 구글, 시스코, 인텔, 아마존 등도 이곳에 둥지를 틀었다.

테크시티에서 가장 주목받는 곳 가운데 하나가 2012년에 세워진 구글의 런던 캠퍼스다. 테크시티에 지상 5층, 지하 1층짜리 건물을 구글이 사들여 창업공간으로 꾸민 이 곳에는 창업기업을 위한 작업공간과 함께 스타트업을 지원하는 액셀러레이터도 입주해 있다. 지하에는 누구나 와서 일할 수 있는 네트워킹 카페도 만들어 놓았다.

ICT산업 육성을 위해 영국은 정부 차원의 지원 제도도 속속 내놓고 있다. 성장 속도가 빠른 ICT와 신재생에너지 등 기술벤처 부문의 런던증권거래소 상장 기준을 완화했다. 스타트업 기업의 창업자가 자사 주식을 매각할 경우에는 세금이 10%를 넘지 못하도록 고정 상한세율도 책정했다. 엔젤투자자의 투자는 금액에 상관없이 최대 50%까지 세금을 깎아준다.

ICT 인재가 쉽게 영국에 들어오고 사업도 할 수 있게 기업인 비자제도도 갖췄다. 영국 정부는 과학과 예술 분야 우수 인력 유

런던 테크시티가 시작되는 올드스트리트의 라운드어바웃.

치를 위해 2015년 4월 도입 예정인 패스트트랙 비자 프로그램을 기술 분야로 확대한다.

테크시티에는 영국 정부가 2011년부터 중점 추진 중인 '빅(BIG, British Innovation Gateway)' 프로그램도 포함된다. 이는 영국 정부가 기업, 대학, 연구기관들과 협력해 ICT산업 활성화를 추진하는 것이 핵심이다. 이를 위해 영국 전역 11개 지역의 산·학·연을 연결하는 가상 클러스터(National Virtual Incubator)가 구성됐다. 또 1만 개가 넘는 기업이 BIG 프로그램에 참여했다. 이들을 위해 BIG 프로그램의 5개년 간 5억 파운드(약 8,900억 원) 투자계획 중 20%가 집행됐다.

영국 정부는 사물인터넷에 대한 직접적인 투자를 공격적으로 집행하고 있다. 영국은 독일과 함께 2014년 3월에 5세대(5G) 이동통신과 사물인터넷 공동기술개발 추진을 선언하며 '디지털 유럽'을 만들겠다는 포부를 밝혔다. 5세대 이동통신은 영화 한 편을 다운로드 받는 데 1초도 안 걸리는 빠른 속도가 강점이다. 현재 4세대(LTE) 통신에서는 40초에서 1분가량이 소요된다.

영국, 독일을 포함한 유럽연합(EU)은 2014년 7월부터 역내 28개국 사이에 휴대폰 로밍 비용을 없애는 등 통신시장 단일화에도 나섰다. EU라는 공동체가 서로 국경 없이 교역할 수 있는 체제이지만 디지털 시장에서는 여전히 나라별로 규제가 살아 있다. EU는 단일 디지털 시장을 통해 시장 확대를 꾀하는 첫걸음으로 '로밍 프리'를 선언한 것이다.

이와 함께 영국은 사물인터넷 연구개발에 4,500만 파운드(약 800억 원) 투입 계획을 밝혔다. 별도로 100만 파운드 규모의 기금을 조성해 관련 기술을 개발하는 기업들도 지원하기로 했다. 주전자와 보일러, 냉장고에 이르는 모든 기기를 인터넷으로 연결할 수 있는 사물인터넷이 세계 도처에 있는 기술혁신가들의 상상력을 사로잡았다는 것이 영국 정부의 평가다.

• 중국

사물인터넷 혁명의 대열에는 중국도 빠지지 않는다. 시진핑 중국 국가주석은 2014년 2월 중앙인터넷안전정보화영도소조 제1차 회의를 주최하여 "중국을 인터넷 대국에서 강국으로 발전시키도록 노력해야 한다"고 말했다. 전 세계에서 인터넷 사용 인구가 가장 많은 중국이 현재까지는 '대국'에 그쳤다면 앞으로는 인터넷 관련 산업을 적극 발전시키고 인터넷 글로벌 규칙 제정에 있어서도 제대로 된 목소리를 내라는 의미다.

인터넷 강국 중국을 위한 중요한 키워드 가운데 하나가 IoT다. 코트라 등에 따르면 2011년 중국의 사물인터넷 시장 규모는 2,627억 위안(약 47조 2,800억 원)을 기록했으며, 2012년에는 전년보다 38.6% 성장한 3,650억 위안(약 65조 7,000억 원)을 기록했다. 이러한 속도대로라면 2015년에는 7,500억 위안(135조 원)을 넘어서고 2020년에는 1조 위안(180조 원)을 돌파할 것으로 예상된다.

중국에서 사물인터넷이 적용된 사례로는 상하이 푸동국제공항이 있다. 이 곳에는 3만여 개의 무선 센서 네트워크가 구축돼 실시간 침입 탐지에 활용되고 있다. 무선 센서 네트워크는 센서를 통해 침입 여부를 탐지해 수집된 정보를 가공·전송하는 소형 무선 송수신 장치다.

가로등 무선 조명시스템을 시범적으로 도입한 도시도 있으며, 가전업체 하이얼은 2010년 상하이 엑스포 기간에 화상통화와 정보검색 등 다양한 기능을 탑재한 사물인터넷 냉장고를 선보이기도 했다.

정부 차원에서 사물인터넷 육성을 위한 구체적인 계획도 내놨다. 중국 정부는 2005년 '중·장기 과학기술 발전계획 개요

(2006~2020)'의 일환으로 사물인터넷을 선정하고 센서 네트워크 연구센터를 구축했다.

이러한 센서산업 육성을 위해 원자바오 전 총리는 2009년 8월 중국과학원 우시 센서 네트워크 사업센터를 시찰하던 중 '감지중국(感知中國)'의 개념을 선언하기도 했다. 또 2010년 10월에는 사물인터넷을 비롯한 차세대 정보기술을 '국가 7대 전략 신흥사업'에 편입시켰다. 공업정보화부는 2012년 2월에 사물인터넷 5개년 계획의 일환인 '사물인터넷 2012차 5개년 발전계획'을 발표

ㅣ 급성장하는 중국 IoT 시장 ㅣ

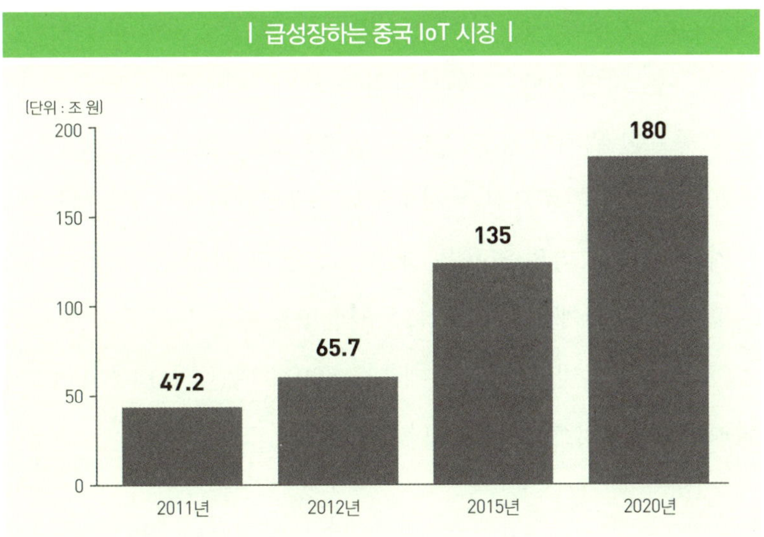

* 자료: KOTRA

하는 등 정부 차원의 육성 전략이 꾸준히 이어지고 있다.

중국 정부가 사물인터넷과 관련해 전략적으로 움직이는 것 가운데 하나가 IoT도시로 우시(無錫)를 지정해 적극적인 투자에 나선 것이다. 우시는 장쑤성 남쪽의 도시로 최근 급속한 경제개발의 영향으로 '작은 상하이'로까지 불리는 곳이다.

우시에는 2010년까지 사물인터넷 기반 조성을 위해 15억 위안(2조 7,000억 원)이 투입됐다. 공단과 대학 등이 설립된 우시는 초기에 사물인터넷의 핵심 산업인 센서 역량 강화를 위해 설계됐지만 현재는 사물인터넷 전반으로 영역을 넓히고 있다. 중국 정부는 지난 2009년 센서산업을 5개 전략산업 가운데 두 번째로 중요한 위치에 놓을 정도로 신경을 쓰고 있다.

2012년 8월 기준으로 우시 IoT지구에는 600개가 넘는 기업이 몰려들어 10만 명의 고용을 창출하고 있다. 관련 분야를 연구하는 연구소도 31개에 달하고 125개의 응용 연구 분야가 수행되고 있다. 사물인터넷산업 관련 매출도 800억 위안(약 14조 4,000억 원)에 달하는 것으로 집계됐다.

IoT 혁신지수와 한국의 현주소

미국 캘리포니아주와 네바다주, 플로리다주의 고속도로를 달리다보면 드물지만 구글에서 시범주행 중인 무인자동차(Self-Driving Car)를 볼 수 있다. 구글 무인차는 미국에서 2011년에 네바다주를 시작으로 3개주가 운행 허가를 내줬고 다른 주에서도 운행 여부를 검토 중이다.

• 발 묶인 무인차

구글 무인차는 도요타 프리우스와 아우디 TT, 렉서스 RX450h 모델을 개조해서 시험 운행되고 있다. 차 지붕과 전면, 측면, 후면 등에 설치된 적외선 센서 등을 통해 차량과 사물, 사람, 신호, 차선 등 제반 상황을 파악해 운행한다. 2012년 8월 기준으로 30만 마일(48만km) 이상 운행되었으며, 그동안 두 건의 교통사고가 있었지만 모두 사람이 차량을 운전할 때 발생한 것으로 조사됐다.

미국에서 허용된 무인차가 대한민국에 오면 어떻게 될까? 인천공항에서 내리는 순간부터 무인차는 단 1m도 움직일 수 없다.

우선 각종 법규가 발목을 잡는다.

우리나라 도로교통법 제42조를 보면 면허 주체에 대해 명시된 조문이 없다. 즉 면허 주체가 사람이라는 전제 하에 법이 규정된 것으로 차량 자체가 면허를 딸 수 있는 길은 없다. 반면 미국 네바다주는 면허 주체를 사람으로 한정짓지 않고 차량도 면허를 딸 수 있도록 법을 개정함으로써 무인차 운행의 길을 터줬다.

무인차 주행에 앞서 차량과 차량, 차량과 도로변 인프라 간의 통신을 함으로써 돌발 상황에 대처하고 교통사고율을 낮추는 기능을 하는 '지능형교통시스템(ITS)' 구축에 필요한 주파수도 없다. 웨이브(WAVE, Wireless Access in Vehicular Environment) 주파수로 불리는 이것은 향후 무인차 운행에도 필수적으로 사용

될 것으로 보인다.

문제는 국제 표준 웨이브 주파수(5.850~5.925㎓) 대역이 우리나라는 현재 방송사 이동중계방송용으로 사용되고 있어 도로용으로 사용할 수 없다는 점이다. 1988년에 올림픽을 준비하던 정부가 방송사 이동중계에 필요한 주파수가 필요하자 급하게 웨이브 주파수 대역을 방송사에게 할당했고 이것이 지금까지 이어지고 있는 것이다.

국토교통부가 ITS 구축을 위해 2009년부터 해당주파수를 도로교통용에 할당해 줄 것을 미래창조과학부에 요청했지만 아직까지 '제자리걸음' 중이다.

• 거꾸로 가는 정보유통

2014년 1월. KB국민은행과 NH농협카드, 롯데카드 등에서 최악의 개인정보유출 사건이 터졌다. 대한민국 모든 성인들의 정보가 털렸다 해도 과언이 아닐 정도로 파문은 컸다. 건수로는 1억 400만 건이 넘고 고객 수는 약 4,000만 명에 달한다. 사망자와 중복자를 제외한다고 해도 2,000만 명으로 집계된다. 박근혜 대통령의 개인정보까지 유출됐다는 얘기가 나올 정도다.

같은 해 3월에는 KT에서 1,200만 건이 넘는 개인 고객정보가 유출됐다. 이는 홈페이지 해킹을 통해 이뤄진 것으로 기업들의 보안 의식과 수준이 심각하게 낮다는 반증이다. 개인정보를 방대하게 수집하는 것에 비해 보안에 대한 이들의 투자는 심각하게 적다는 얘기다.

두 건의 대규모 정보유출 사건이 연이어 발생하자 정부는 부랴부랴 대책 마련에 나섰다. 핵심은 개인들의 정보수집과 활용을 보다 까다롭게 하는 쪽으로 모아지고 있다. 정보를 유출한 범인인 카드사와 통신사에 대해서는 솜방망이 처벌이다. 기업들의 보안 투자를 독려하지 않았던 정부에도 일정 부분의 책임이 있기 때문에 기업들에게 모질게 못하는 측면도 있다.

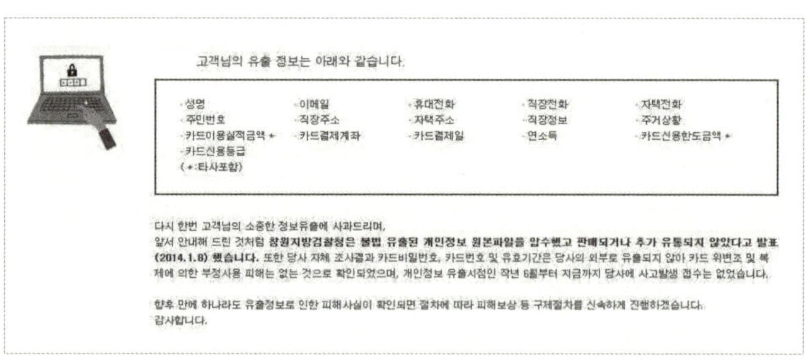

고객님의 유출 정보는 아래와 같습니다.

·성명	·이메일	·휴대전화	·직장전화	·자택전화
·주민번호	·직장주소	·자택주소	·직장정보	·주거상황
·카드이용실적금액 *	·카드결제계좌	·카드결제일	·연소득	·카드신용한도금액 *
·카드신용등급				
(*:타사포함)				

다시 한번 고객님의 소중한 정보유출에 사과드리며,
앞서 안내해 드린 것처럼 **창원지방검찰청은 불법 유출된 개인정보 원본파일을 압수했고 판매되거나 추가 유통되지 않았다고 발표(2014.1.8) 했습니다.** 또한 당사 자체 조사결과 카드비밀번호, 카드번호 및 유효기간은 당사의 외부로 유출되지 않아 카드 위변조 및 복제에 의한 부정사용 피해는 없는 것으로 확인되었으며, 개인정보 유출시점인 작년 6월부터 지금까지 당사에 사고발생 접수는 없었습니다.

향후 만에 하나라도 유출정보로 인한 피해사실이 확인되면 절차에 따라 피해보상 등 구제절차를 신속하게 진행하겠습니다.
감사합니다.

카드사 고객유출정보안내 화면.

사물인터넷이 활성화되기 위해서는 정보가 활발히 유통돼야 한다. 정보의 유통 길은 터놓으면서 대신 이를 불법적으로 활용할 경우 철퇴를 내리는 형태로 발상의 전환이 필요하다. 예를 들어 A카드사가 고객 정보를 불법 유통하는 사례가 적발됐다면 장기간의 영업정지 또는 라이센스 반납 등의 조치를 취하는 것이다. 아니면 집단소송 등을 통한 막대한 벌금을 통해 자연스럽게 시장에서 퇴출시키는 방안도 필요하다.

• IoT혁신지수 20위

매일경제신문이 컨설팅회사인 베인앤컴퍼니와 함께 분석한 우리나라 'IoT혁신지수'는 경제협력개발기구(OECD) 34개국에 중국을 포함한 35개 나라 가운데 하위권인 20위를 기록했다. 5개의 지표 가운데 정보통신기술(ICT) 인프라 순위가 제일 좋았다. 전체 4위로 유일하게 10위권 안에 든 분야이고, 산업인프라도 전체 순위보다 높은 15위를 기록했다. 반면 창조·성장·규제 역량이 모두 20위권 밖으로 떨어진 것이 문제였다. 창조 역량은 22위, 규제와 성장은 모두 24위였다.

IoT혁신지수는 ICT산업과 비ICT산업 간의 융합을 통해 새

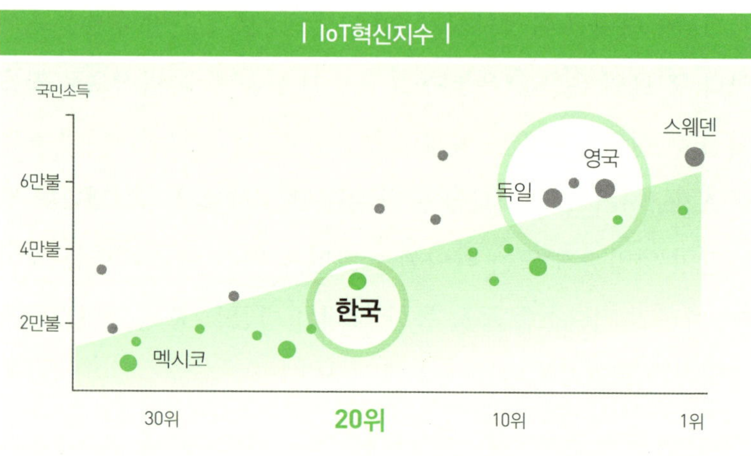

로운 비즈니스가 창출되고 일류 기업으로 육성될 수 있는 환경과 정부 지원 제도의 준비성 등을 나라별로 비교하기 위해 고안됐다.

IoT혁신지수는 IoT 기반이 되는 ICT산업의 글로벌 경쟁력을 보여주는 ICT인프라, ICT와 시너지를 창출하는 제조·서비스산업의 글로벌 경쟁력을 측정하는 산업 인프라, ICT와 비ICT산업의 융합을 통한 IoT 사업이 창출되는 환경을 보여주는 창조 환경, 글로벌 경쟁력을 갖춘 일류 기업·산업으로 육성될 수 있는 것을 측정하는 지표인 성장 환경, 마지막으로 IoT산업의 개발과 성장을 촉진시키는 정부의 역할을 보여주는 정부 유연성(규제)의 다섯 개 항목으로 나뉜다.

5대 구성 요소를 측정하기 위해 17대 핵심 지표를 추렸다. 17대 지표는 세계경제포럼(WEF) 글로벌 IT 리포트, 세계지적재산권기구(WIPO) 글로벌 혁신지수, 국제경영개발원(IMD) 세계경쟁력연감, 딜로이트컨설팅의 글로벌 제조업 경쟁력 지수(GMCI), 국제기업가정신연구협회(GERA)의 글로벌 기업가정신 지수(GEM) 등에서 뽑았다.

IoT혁신지수가 가장 높은 나라는 북유럽의 강소국 스웨덴으로 나타났다. 스웨덴은 ICT인프라가 1위로 나왔으며 산업인프라를 비롯한 나머지 모든 지표가 5위 안에 들었다. 4위는 미국으로 정부 유연성 부문에서는 10위권 밖인 13위로 나왔지만 이를 제외하고는 모두 10위권 안에 순위를 올려놓았다. 특히 실리콘밸리를 갖고 있는 나라답게 미국은 벤처 육성과 관련 있는 성장환경 항목에서는 1위로 조사됐다.

인구나 경제규모가 상대적으로 작은 유럽의 강소국과 대국인 미국을 제외하면 독일과 영국의 행보가 주목된다. 영국의 IoT혁신지수는 5위, 독일은 8위로 집계됐다. 이들 두 나라의 공통점은 사물인터넷을 기반으로 한 국가 혁신 전략을 세우고 이를 차근

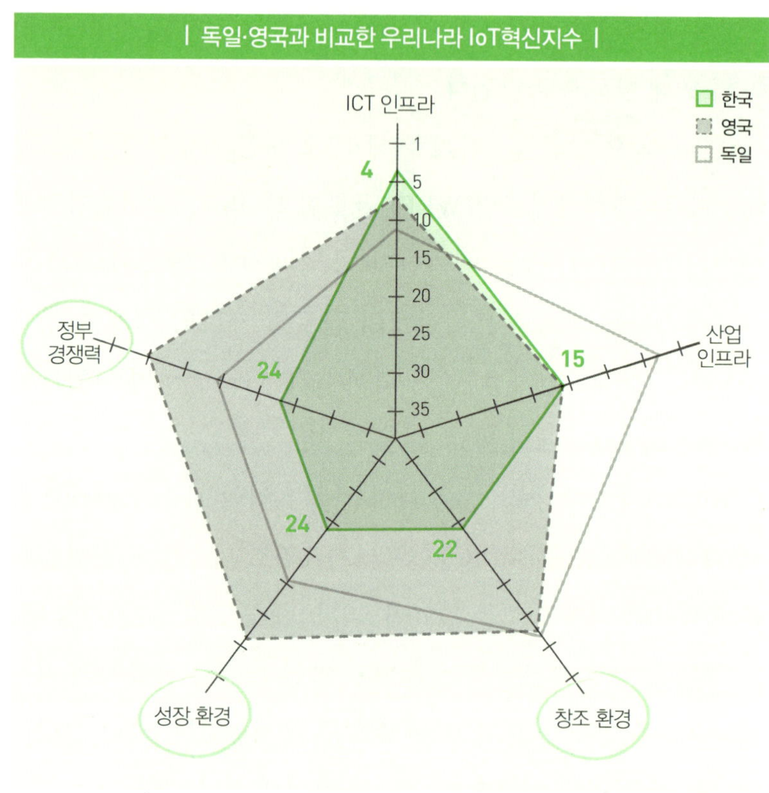

차근 추진하고 있다는 점이다. 2014년 3월 양국은 5세대 이동통신과 사물인터넷 공동기술개발 추진도 선언했다.

영국은 산업 인프라가 15위로 상대적으로 낮은 것으로 조사됐지만 성장환경과 정부유연성에서 좋은 평가를 받았다. 독일은

ICT인프라와 성장환경, 정부유연성 등에서는 좋은 평가를 받지 못했다. 모두 10위권 밖으로 밀려난 것이다. 반면 제조업 세계 최강국답게 산업인프라는 2위, 창조환경은 6위로 집계돼 전체 순위를 끌어올렸다.

일본도 우리보다 앞선 13위로 집계됐다. 창조환경은 우리와 비슷한 23위로 낮았고 성장환경과 정부유연성도 10위권 후반으로 저조했다. 반면 산업인프라가 7위, ICT인프라가 6위를 기록하며 전체 순위에서 우리를 앞섰다. 중국은 우리를 턱 밑에서 쫓아오는 21위로 집계됐다. 산업인프라와 성장환경이 우리를 앞섰다. 중국은 사회주의 국가답게 정부유연성이 31위로 꼴찌에 가깝게 나온 것이 전체 순위를 내리는 요인이 됐다.

대한민국 'IoT혁신지수'가 세계 35개 나라 가운데 20위라는 저조한 성적을 낸 것은 규제가 창조와 성장의 발목을 잡고 있기 때문이라는 분석이다. 경제 규모가 비슷한 영국, 독일 등과 비교할 때 이런 점이 더욱 두드러지게 나타난다.

창조환경의 부족은 기업가정신과 산업 간 컨버전스에 대한 준비가 떨어진다는 의미다. 성장 환경의 순위가 낮은 것은 일류 기업으로의 사업 확대를 위한 역량과 여건이 취약하다는 뜻이고, 정부경쟁력 약화는 IoT산업의 개발과 성장을 위한 정부의 준비가 부족하다는 의미다. 즉 산업 활성화를 막고 있는 규제가 많다는 것으로 해석된다.

프로젝트팀이 분석한 한국의 IoT 혁신역량 20위는 최근 시장조사기관 IDC가 G20 국가 중 한국의 사물인터넷 준비지수가 2위라고 발표한 것과 비교하면 사뭇 다른 결과다.

왜 이런 결과가 나왔을까. IoT 혁신역량을 5개 부문으로 따져보면 한국의 ICT 경쟁력은 4위에 올라 있다. 1인당 GDP가 높은 유럽 강소 국가들이 대거 분석대상에 포함된 것을 감안하면 상당히 훌륭한 성적이다. 사물인터넷의 출발이 ICT라는 점을 감안하면 한국은 일단 좋은 조건에서 출발한다고 볼 수 있다.

프로젝트팀은 그러나 IoT의 성패는 단순히 ICT에 달려 있다고 보지 않았다. 전혀 새로운 물결에 대처하려면 정부 경쟁력이 중요하고, 이를 토대로 창조와 성장 환경이 잘 갖춰졌는지가 중요하다고 봤다. 박근혜 대통령이 강조하는 '규제혁파'를 실행할 정부 경쟁력을 핵심 가운데 하나로 본 것이다.

이런 점을 종합적으로 분석해 한국의 순위를 따져보니 20위로 나타났다. 경제규모와 지역배분 등을 감안한 G20 국가를 대상으로 한 것이 아니라 창의성, 정부경쟁력 등이 뛰어난 유럽 강소 국가들이 포함된 경제협력개발기구(OECD) 국가를 분석대상으로 삼은 결과다. 이를 통해 한국이 ICT 경쟁력이 높다고 해서 자만해서는 안 된다는 점을 일깨우고자 했다.

• 4대 빅뱅, 4만 달러 달성

IoT는 한국에 스마트폰 이후 성장엔진을 찾아주는 일차원적인 혁신 툴이 아니다. IoT 혁명은 규제 혁파를 통해 서비스업과 내수, 궁극적으로 일자리에 이르기까지 4대 빅뱅을 가져와 1인당 국민소득 4만 달러를 앞당기는 디딤돌이 될 것이다.

IoT가 가져올 빅뱅은 빙산을 연상하면 쉽게 이해가 된다. 현재 수면 위에 드러나 활발하게 움직이고 있는 것은 스마트폰 이후의 와치, 글라스 등 웨어러블 기기들이다. 또한 센서와 반도체 시장에서 승자가 되기 위해 치열한 접전이 시작됐다.

하지만 물 아래 있는 90%에서는 교육, 의료, 인터넷플랫폼 등 서비스시장이 거대한 모습을 드러낼 준비를 하고 있다. 서비스업은 곧 내수로 연결된다. 통신 인프라스트럭처 위에 펼쳐질 서비스 대전은 내수시장 진작을 가져온다.

내수와 서비스업, 수출 중심의 한국 경제가 풀어야 할 해묵은 과제였던 두 분야에서 빅뱅을 가져와 경쟁력 확보의 실마리를 찾게 될 것이다. 제조업이 일자리를 창출하는 데 한계에 봉착하고 있는 와중에 서비스 내수 빅뱅은 새로운 일자리를 창출하는 계기가 될 것이다. 4대 빅뱅과 4만 달러, IoT가 한국 경제에 던져주는 시사점은 바로 여기에 있다.

과거 사례를 보면 글로벌 트렌드에 어떻게 대응하느냐에 따라 국가의 미래가 달라졌다. 1969년부터 1995년까지 연평균 경제성장률이 1.6%에 불과했던 미국은 인터넷 붐을 효과적으로 활용해 1996~2004년 연평균 경제성장률을 3.1%까지 끌어올렸다.

핀란드는 휴대폰 세계 1위 업체인 노키아가 질주하던 시기인 2005~2007년에는 연평균 경제성장률이 4.2%에 달했다. 하지

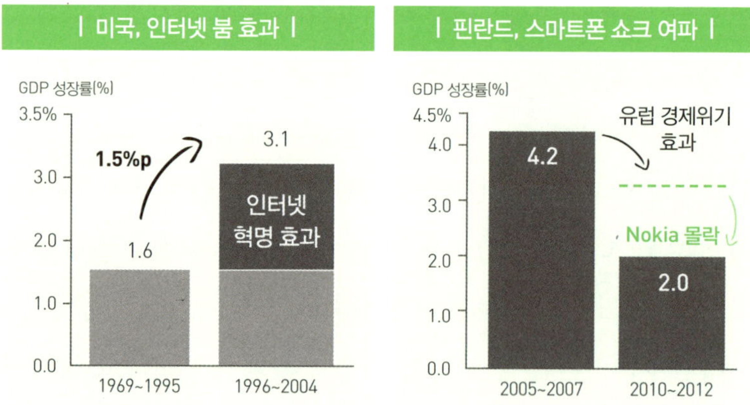

* 자료: 매일경제, 베인앤컴퍼니

만 스마트폰 시대에 제대로 대응하지 못한 노키아가 몰락하던 2010~2012년의 경제성장률은 2.0%로 추락했다. 유럽 경제위기에 따른 부정적인 영향을 감안하더라도 노키아가 핀란드 경제에 준 충격은 최소 1.3%포인트에 달하는 것으로 분석됐다.

• 부족한 우리의 준비

전 세계에서 주목받고 있는 사물인터넷. 이것이 만들어내는 초연결혁명을 위한 우리 기업들의 준비상황은 아직 부족한 것으로 조사됐다.

매일경제신문과 대한상공회의소가 공동으로 2014년 2월 국내 제조기업 300개를 대상으로 전화·팩스·이메일을 이용해 설문조사한 결과 응답자의 54%가 사물인터넷이라는 개념을 '처음 듣는다'고 답했다. 사물인터넷과 밀접한 IT분야 기업에서도 평균을 밑도는 49%를 기록했다.

사물인터넷을 알고 있는 기업들의 61.9%는 이를 단순히 정보통신기술(ICT)산업에만 해당되는 것이 아니라 전 산업에 폭넓게 쓰일 수 있는 기술로 인식했다. 걱정되는 것은 22.3%의 기업은 사물인터넷이라는 말은 들어봤지만 이것이 어디에 어떻게 사

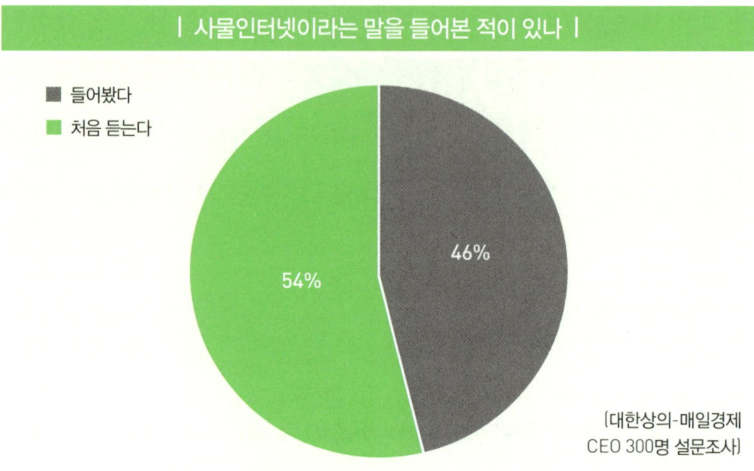

용되는지 전혀 모르고 있다는 점이다.

사물인터넷 시대가 도래하면 가장 효율적으로 사용될 분야로 35.3%의 기업들이 ICT산업을 꼽았다. 의료와 관광 등 서비스업에 폭넓게 응용될 것이라는 응답이 25.9%로 뒤를 이었고, ICT를 제외한 다른 제조업에 활용될 것이라는 시각도 24.5%에 달했다. 사물인터넷이 적용되면 생산성 향상에 큰 도움이 될 농업 등 1차 산업에 대해서는 적용 가능성을 1.4%로 낮게 봤다.

설문에 응답한 절반가량의 기업은 사물인터넷을 사업에 적용해 새로운 제품·서비스에 대한 아이디어를 얻겠다고 밝혔다. 사물인터넷과 결합된 신제품을 통해 기업의 매출을 끌어올리겠다는 전략이다. 39.1%의 기업은 생산성 효율을 높이는 게 가능할 것으로 내다봤다. 실제로 사물인터넷이 폭넓게 사용되는 분야 가운데 하나가 공장·사업장 등의 효율을 높여 비용을 절감하는 것이다.

사물인터넷 도입의 장벽으로 응답자들은 정보부재(30.8%)와 시설부재(30.8%)를 공통적으로 꼽았다. 아직 무엇을 하겠다고 뚜렷이 시도하기에 부족한 점이 많다는 얘기다. 인력이나 정부 지원 부재 등도 여전히 부담으로 얘기됐다.

그나마 다행인 것은 10곳 가운데 6곳의 기업이 향후 검토해볼 만한 기술로 보고 있다는 점이다. 이는 기계와 정밀기기 등 전통 제조업 부분의 비중이 높았다. 이들 업종이 활로 찾기를 위해 다양한 고민을 하고 있다는 모습을 여실히 보여줬다.

Chapter 03

디지털 원 코리아 액션플랜

오픈 이노베이션(Open Innovation)

• 강소벤처 1만 개 육성

국내 한 신발하청업체가 글로벌 브랜드에 납품하는 신발의 단가는 한 켤레당 대략 30~50달러 정도다. 이 신발을 납품받는 글로벌 브랜드는 약 150달러에 이 제품을 판매한다. 브랜드 가치 덕분에 대략 3배가 넘는 부가가치를 내는 것이다.

이 브랜드는 여기에 IoT 밴드를 추가해 건강을 체크하는 헬스케어 신발로 만들었다. 이 밴드의 가격은 신발 가격과 맞먹는 150달러 안팎이다. 이 글로벌 브랜드는 브랜드뿐 아니라 IoT를

| IoT 혁명 3대 강령(O-N-E) |

Open Innovation	창조기반
Navigator	정부경쟁력
Eye2Global	성장사다리

접목한 새로운 헬스케어 상품으로 신발을 진화시키고 있다.

IoT는 새로운 벤처뿐 아니라 기존 중소 제조업체들에게도 무궁무진한 기회를 안겨준다. 제품에 센서를 연결하고 스마트폰을 통해 새로운 서비스를 제공하면서 단순 제조업체가 아닌 서비스 업체로 변신할 수 있게 되는 것이다.

새로운 벤처들이 속속 출현하고 있는 대표적인 분야는 다름 아닌 스마트 홈 서비스 분야다.

구글에 32억 달러에 매각돼 세상을 놀라게 한 네스트뿐 아니라 체중계, 도어락, 콘센트 등 다양한 가정용품들이 센서를 부착해 스마트 기기로 변신하고 있다.

일반 도어락은 20~50달러 수준에 불과하지만 고지(Goji)의

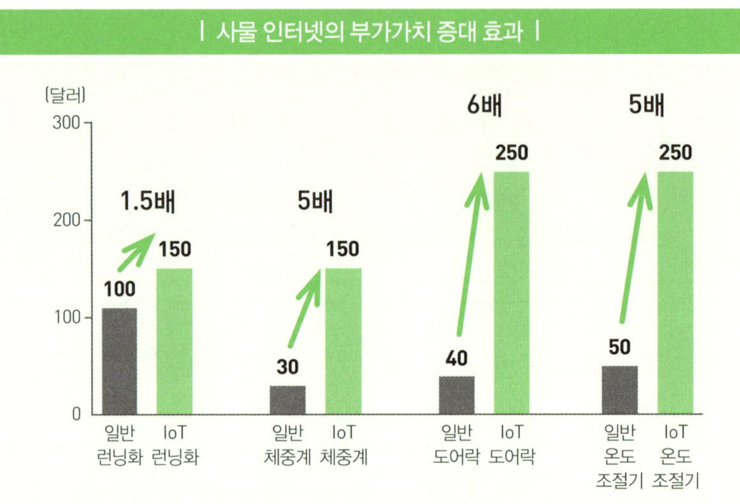

도어락은 250달러에 달한다. 이 도어락은 인터넷에 연결돼 스마트폰으로 자유롭게 제어가 가능한 제품이다. 체중계 위띵즈(Withings)도 일반 체중계에 비해 3배 이상 높은 가격에 팔린다. 두 제품 모두 기존 도어락과 체중계에 센서를 부착해 스마트폰으로 데이터를 관리하는 신개념 제품이다. 스마트 칫솔과 스마트 포크도 이미 나와 있다.

시스코에 따르면 인당 인터넷 연결 기기 수는 2020년 6.5개에 달한다. 현재 연결된 기기는 전 세계 기기 중 불과 0.6%에 불과하다. 향후 연결될 기기가 99%에 달한다는 얘기다. 이를 감안하면 새로운 제품이 생겨날 기회가 99% 열려 있다.

이렇게 연결되는 기기들은 대기업의 영역보다는 주로 중소기업, 중견기업의 영역들이다. 대기업들이 만들어내는 스마트폰 등 IT기기와 가전제품들은 이미 인터넷에 연결된 것들이 많다. IoT 시대에 중소기업과 새로운 창업가들이 많이 나타나 혁신을 주도해야 하는 이유도 바로 이 때문이다.

새로운 아이디어만 접목되면 재미있고, 시장성 있는 제품들이 나올 여지는 얼마든지 열려 있다. 아기용품으로 유명한 하기스는 기저귀에 센서를 달아 교체시점을 트위터로 알려주는 트윗피를 개발했다. 트위터의 'tweet'에 소변을 뜻하는 'pee'를 합성한 것이다. 기저귀에 부착된 센서는 소변을 봤을 때 수분 함량 변화를 체크해 트위터로 교체 시기를 알려준다. 아기가 기저귀 갈아달라고 울기 전에 센서가 먼저 알려주는 것이다. 이미 브라질 등에서 시험적으로 이 기저귀를 판매 중이다.

실제로 IoT를 접목한 제품 중에는 스마트 홈과 관련된 제품 외에 헬스케어 의료 분야에서 신생 기업들이 많이 나타나고 있다. 새로운 시장이 열리기 위해서는 소비자들이 구매를 해야 하는 데, 아마도 의료 분야에서 가장 먼저 수요가 폭발할 가능성이 있다는 것이 전문가들의 예측이다.

최근 들어 폭발적으로 늘고 있는 손목 밴드가 대표적이다. 손목에 차고 있으면 맥박이나 심박수 등을 실시간으로 점검할 수 있는 헬스케어 밴드는 신발회사뿐 아니라 기존 IT 기업에 이르기까지 광범위하게 도입을 시작하고 있다. 삼성전자, 애플 등이 내놓거나 내놓을 예정인 손목시계에도 헬스케어 관련 기능이 접목되고 있다.

한국에는 독자적인 제품을 만들어내는 직원 10인 이상 중소기업이 대략 5만여 개가 있다. 이 가운데 20%만 IoT를 접목한 새로운 시도에 성공하면 약 1만 개에 달하는 강소기업이 생겨나게 된다. 결코 불가능한 도전이 아니다.

한국 중기와 벤처의 문제는 능력의 문제라기보다는 새로운 무언가에 도전하는 도전정신의 부재에 있다. 한때 한국은 전 세계의 존경을 받는 기업가정신의 나라였다. 세계적인 경영학자 피터 드러커는 1985년 "기업가정신을 최고로 실천한 나라는 의심할 바 없이 한국이다"고 단언한 바 있다. 아무 것도 없는 백사장에 조선소를 건설하고, D램을 세계 최고로 키워낸 기업가 정신을 지금은 찾아볼 수 없다는 데 문제의 본질이 있다.

1990년대 말, 한국은 닷컴 붐을 타고 NHN, 넥슨, 엔씨소프트와 같은 벤처기업들을 키워냈다. 하지만 그 이후 10여 년이 넘도록 한국에는 새로운 기업이 나오지 않고 있다.

미국은 닷컴 시대에 이어 2000년대 중반에는 페이스북, 트위터, 링크드인 등 소셜미디어와 관련한 거대 벤처기업들이 나타났다. IoT에 접어들면서도 네스트, 고지락, 소노스와 같은 기업들이 속속 출현하고 있다.

벤처캐피탈들도 벌써부터 분주히 움직이고 있다. 도시의 주차를 효율적으로 하게 하는 스트리트라인, 손목에 차는 밴드로 건강관리가 가능한 핏비트, 와이파이 보안카메라 드롭캠 등에는 수백만 달러를 투자한 벤처캐피탈들이 나타났다. 닷컴을 키웠던 벤처캐피탈들이 이제 IoT에서 새로운 시장을 찾고 있는 것이다.

이에 비하면 한국의 벤처는 생태계가 사라졌다는 자조 섞인 말이 나올 정도로 새로운 활력을 찾지 못하고 있다.

사라지고 있는 기업가 정신을 다시 되살리기 위한 방안은 무엇일까. 1세대 벤처기업인들을 다양하게 만나 심층 면접을 벌인 결과 정부의 대대적인 지원과 제도 보완이 기업가 정신을 살릴 수 있다는 조언이 이어졌다. 정부의 지원은 보상(Reward), 규제

완화(Deregulation), 재기(Restart) 등 3가지 측면에서 전폭적으로 이뤄져야 한다는 주장이다.

보상의 방법으로는 한국에서 가장 취약한 지적재산권을 보호하고, 창업자에 대한 보상을 강화하는 것이 필요하다는 지적이다. 대기업이 IT기업을 손쉽게 M&A하도록 세제 등의 제도 개선을 하고, 창조제품에 대해 초기시장 육성방안이 필요하다는 조언이 많이 나왔다.

규제완화에 관해서는 창업자를 옥죄는 창업자연대보증제도를 폐지하고, 엔젤투자 규제를 철폐하는 것이 필요하다고 조언했다. 무엇보다 IoT 시대에 걸맞은 클라우드 펀딩 제도가 확산되도록 하는 것이 필요하다고 입을 모았다.

클라우드 펀딩은 소규모 투자를 목적으로 소셜네트워크서비스(SNS)나 인터넷 사이트를 통해 다수의 개인들에게 투자자금을 모으는 방식이다. 클라우드 펀딩 시장 규모는 매년 2배 가까이 커질 정도로 스타트업 기업을 키우는 주요한 투자 방식으로 인식되고 있다. 대표적인 클라우드 펀딩 플랫폼으로는 킥스타터와 인디고고가 있다. 미국의 경우 이 사이트를 통해 IoT와 관련된 벤처기업들의 투자가 줄을 잇고 있다.

국내 IoT 벤처기업인 매직에코도 클라우드 펀딩으로 투자금을 받아 개발에 나선 대표적인 기업이다. 매직에코는 센서를 달아 스마트한 기능을 발휘하는 루미스마트라는 램프를 개발해 주목받고 있다.

재기와 관련해서는 청년 창업 오디션을 활성화하고, 창업 성공사례가 노출될 수 있는 장을 마련하는 것이 그 무엇보다 중요하다는 조언이 많았다.

IoT와 관련한 강소벤처 육성과 관련해 중요한 것은 초기부터 세계시장을 상대로 마케팅에 나서지 않으면 성공을 담보할 수 없다는 것이다. IoT 육성을 위한 정책을 펴는 정부가 고민하고 있는 부분도 이와 맞닿아 있다.

"IoT 신제품을 만들었다고 하더라도 제대로 된 시장이 있어야 한다. 국내 시장만으로는 신제품을 만든 기업이 제대로 된 수익을 낼 만한 기반을 닦기 힘들다"는 게 전문가들의 견해다. 그렇다면 새로운 창조기업이 세계 시장을 무대로 나아갈 때 염두에 둬야 할 대목은 무엇일까.

창조기업의 메카라고 불리는 이스라엘 벤처기업의 사례를 통해 벤치마킹 아이디어를 찾을 수 있을 것이다. 신기술을 개발해 글로벌 시장에서 성공하기까지는 대기업이든, 벤처캐피탈이든 투자자의 역할이 그 무엇보다도 중요하다. 통상 벤처기업은 주식시장에 상장해 투자자들 및 창업자들과 과실을 나눠가지는 것이 중요한 출구전략으로 꼽힌다.

하지만 이스라엘 벤처의 경우 약 93%가 글로벌 기업에 인수합병(M&A)을 하는 방식으로 출구전략을 사용한다. 다시 말해 기업을 키워 글로벌 기업에 매각하는 것이 흔한 일이라는 얘기다. 미국 나스닥에 상장하는 것이 두 번째이고 이스라엘 자국 증시에 상장하는 것은 미미하다.

글로벌 기업에 매각하는 것은 윈윈 전략이 될 수 있다. 이스라엘 모바일 앱 개발업체 오나보는 2013년 말 페이스북에 약 1억 5,000만 달러에 매각됐는데, 페이스북은 이스라엘에 연구센터를 설립해 이스라엘의 연구능력을 지속적으로 활용하고 있다. 이스라엘 보안업체 트러스티어는 IBM에 약 10억 달러에 가까운 거금에 팔렸는데, 이후 IBM은 소프트웨어 랩을 설립해 소프트웨어 개발을 지속적으로 협력하고 있다.

이스라엘 벤처들은 글로벌 기업과의 M&A와 함께 나스닥 상장을 적극 추진해 글로벌화를 꾀하고 있다. 나스닥에 상장된 외국기업을 보면 중국이 120개로 가장 많고, 이어 이스라엘이 69개로 두 번째를 차지하고 있다.

한국의 벤처기업들도 이제는 시야를 글로벌하게 바꿔야 한다. 초기부터 나스닥 상장을 목표로 뛰고, 필요한 경우 글로벌 기업과 인수합병 등에도 적극 나서는 전략이 필요하다는 얘기다.

• 오픈 플랫폼이 필요하다

새로운 파괴적 기술이 나타날 때마다 부각되는 이슈 가운데 하나는 표준과 관련된 것들이다. 인터넷과 모바일 시대, 한국은 다양한 방법으로 표준을 주도하기 위해 노력해왔다. 하지만 기대할 만한 성과를 낸 적은 별로 없다.

오히려 실패의 쓰라린 추억만 있다. 대표적인 사례가 한국형 무선인터넷 플랫폼 위피(WIPI)다. 위피는 무선인터넷 규격을 통일하는 공통 플랫폼을 개발하기 위해 시작된 프로젝트다. 국내 이통사들은 위피를 탑재한 무선인터넷 서비스를 시작했고, 콘텐츠 업체들도 이를 기반으로 한 콘텐츠를 제작했다.

하지만 문제가 발생했다. 스마트폰이 생겨나면서 세계 휴대폰 시장이 급변하기 시작한 것이다. 부랴부랴 2009년 위피 탑재 의무화를 해제했지만 이로 인해 국내 스마트폰 관련 서비스는 뒤처지게 됐다는 비판이 일었다. 한국형 서비스를 개발해 세계 시장을 주도하려고 했지만 결과적으로는 세계적인 기술 흐름을 놓친 것으로 '우물 안 개구리'라는 비판을 받게 됐다.

위피와는 상황이 좀 다르지만 세계 표준 전쟁에서 실패한 경험도 있다. 2006년 국내 순수기술로 개발한 와이브로를 삼성전자와 인텔이 주도해 세계 표준으로 키우려 했지만 유럽식 롱텀에볼루션(LTE)이 세계 표준이 되면서 2014년 초에 와이브로 정책을 사실상 폐기했다.

위피와 와이브로 실패의 추억은 표준화 전쟁에서 승리하는 것이 얼마나 힘든지를 보여주는 단적인 사례다. 특히나 미국, 유럽, 중국 등 대국의 견제가 심한 상황에서 한국형 표준을 고집하는 것은 어리석다는 목소리도 나온다.

그렇다고 표준 전쟁에서 뒷짐만 지고 있을 것인가. IoT와 관련한 표준화 전쟁은 이미 시작됐다. 구글, IBM, 시스코, 인텔 등이 보안, 스마트그리드, 정보플랫폼 등 다양한 분야에서 표준을 양산하기 위해 합종연횡을 거듭하고 있다. 삼성전자, LG전자 등 한국의 글로벌 기업들도 표준 전쟁을 주도하기 위해 이들과 다양한 방식의 협력을 벌이고 있다.

정부는 중소기업이 다양한 IoT 관련 애플리케이션을 개발할 수 있도록 오픈 플랫폼을 만들어주는 역할을 해야 한다. 현재 모비

우스라는 오픈 플랫폼이 개발돼 있긴 하지만 글로벌화를 위해서는 갈 길이 멀다. 플랫폼의 기술 수준을 높이고, 글로벌 협력사들을 확보해 다양하게 사용되도록 하는 전략적인 노력이 필요하다.

오픈 플랫폼을 개발하는 것보다 더 중요한 것이 글로벌 협력업체들을 최대한 많이 끌어들여 글로벌화를 위해 지속적으로 업그레이드를 하는 것이다. 한국을 IoT 전진기지로 만들기 위해 다양한 프로젝트를 진행하면서 국내외 기업들을 끌어들이고 오픈 플랫폼의 사용을 확산하는 방안 등이 강구돼야 한다.

이렇게 개발된 플랫폼은 국내 중소기업들이 다양한 IoT 애플리케이션을 개발할 수 있도록 하는 기본 틀을 제공하게 된다.

• 롱테일 전략을 짜라

미국 인터넷 비즈니스 잡지 〈와이어드〉 편집장 크리스 앤더슨은 사소한 다수 80%가 핵심적인 소수 20%보다 더 큰 가치를 창출한다며 '롱테일의 법칙'을 내놨다. 소수 20%가 80%의 매출을 올린다는 파레토 법칙에 대비되는 것이다.

아마존 매출의 절반 이상이 베스트셀러가 아닌, 책방으로 치면 한쪽 구석에 처박혀 있는 비인기서적에서 나오고, 구글이 수

많은 소규모 사업들의 광고로 거대한 매출을 올리고 있는 현상 등이 롱테일 법칙으로 설명할 수 있는 사례들이다.

10년 전쯤 나온 이 법칙은 최근 들어 점점 더 자주 사용되고 있다. 모든 것이 인터넷에 연결되면서 사소한 다수의 중요성이 점점 부각되고 있기 때문이다. 이런 환경의 변화가 기업 전략에 던져주는 시사점은 무엇일까.

대기업과 중소기업 사이의 협력이 그 어느 때보다 중요하다는 것이다. 하나의 제품이 아닌 제품을 둘러싼 생태계를 장악하는 것이 결국 승자가 될 것이라는 패러다임 전환이 강조되는 것도 이 때문이다. 실제로 인터넷 분야에서도 웨어러블과 같은 기기를 만드는 기업보다 인터넷 서비스 생태계를 장악한 곳이 최후의 승자가 될 것이고, 제약 분야에서도 마찬가지가 될 것이라는 전망이 나오고 있다.

예를 들어 앞으로는 스마트 홈 서비스로 인해 가전과 관련된 모든 제품시장이 소용돌이치게 될 가능성도 있다. 스마트 홈 서비스 시장을 장악한 기업이 냉장고, TV, 전자레인지, 책상, 의자에 이르기까지 원하는 하청업체에서 제품을 받아 자사 브랜드를 붙인 스마트 홈 서비스를 가정마다 구축해 주는 시대가 온다면 어떻게 될까. 진정한 승자는 스마트 홈 서비스를 제공하는 회사

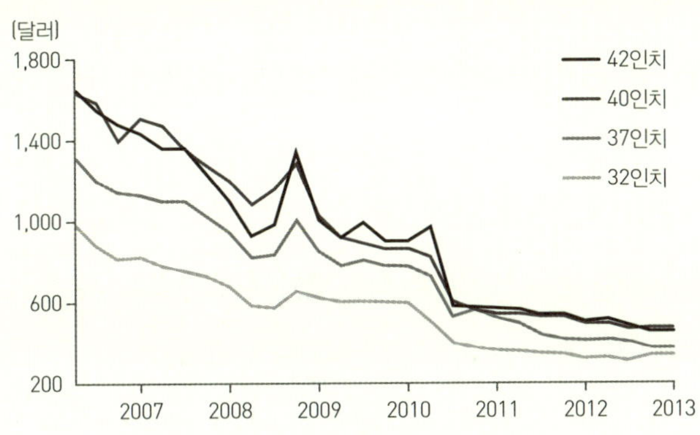

* 4분기 기준

이고, 나머지 냉장고, TV 등을 만드는 회사는 하청업체로 전락하게 된다.

글로벌 전자회사 한 임원은 이런 전망에 대해 "당연히 그렇게 될 가능성이 크다"고 동의한다. "가전업체들은 생산성이 높아질 만큼 높아졌고, 기술력도 우리나라와 중국 기업 간에 별다른 차이가 없을 만큼 좁혀졌다. 향후 이런 상황이 지속되면 서비스 회사가 얼마든지 제품을 만드는 회사를 선택할 수 있다. 결국 소비자들은 자신의 가정에 어느 회사의 스마트 홈 서비스를 사용하느냐가 중요할 뿐 그 안에 들어간 TV가 어느 회사 것인지, 냉장고가 어느 회사 것인지에는 큰 관심이 없어지게 될 가능성이 있다."

실제로 몇 년 전까지만 해도 평면 디스플레이 TV 가격은 수백만 원을 호가했다. 하지만 지금은 기술 발전과 대량 생산으로 고품질 TV 가격이 크게 떨어졌다. 소비자들이 TV를 사는 데 걸리는 시간이 불과 한 시간도 걸리지 않는다. 가격이 싸지고, 품질이 비슷해지니 별 고민을 하지 않는다는 것이다.

그렇다면 향후 소비자들은 제품이 아닌 서비스에 관심을 기울이게 될 가능성이 커진다. 구글이 스마트 홈 서비스의 허브 역할을 하는 네스트라는 회사를 사들인 것도 결국 이런 시대를 대비하기 위해서가 아니냐는 추측이 나오는 이유다.

이런 시대에 접어들면 국내 대기업들의 패러다임도 바뀌어야 한다. 생태계를 장악하고 다양한 제품을 만들어내는 중소기업 또는 외국기업들과 협력해 서비스를 만들어내는 능력이 있어야 한다. 긴 꼬리를 가진 공룡처럼 다양한 기업들과 협력해서 비즈니스를 만들어내는 윈윈 전략이 필요하다는 얘기다.

이미 수많은 글로벌 기업들이 이런 시대를 대비하고 있다. 중소기업과의 상생을 위한 프로그램이나 새로운 벤처를 키우는 프로그램, 필요한 경우 투자를 통해 피를 섞는 프로그램 등 다양한 프로그램을 통해 자신들의 영향력을 키워가고 있다.

구글은 이미 ‘구글 기업가 정신(Google for Entrepreneurship)’이란 프로그램으로 IT 기반 혁신 기술을 찾아내는 데 전력하고 있다. 말 그대로 구글이 필요한 기업가 정신을 키워내는 요람 역할을 하고 있는 것이다.

IBM은 스마트 캠프라는 프로그램으로 신생 IoT 벤처를 대거 발굴하는 데 힘쓰고 있다. 미국에서 주차 관리 서비스로 큰 성공을 거두고 있는 스트리트라인 등이 바로 이 스마트 캠프를 통해 두각을 나타낸 기업들이다.

미국 통신회사 스프린트는 헬스 엑셀러레이터라는 프로그램을 진행 중이다. IoT 시대 가장 유망한 분야 가운데 하나인 헬스케어 분야에서 신생기업을 육성하자는 취지로 통신사가 먼저 나선 것이다.

IT 기업뿐 아니라 폴크스바겐과 같은 자동차 회사, 나이키와 같은 의류신발업체들도 엑셀러레이터라는 이름의 프로그램을 만들어 새로운 기술을 찾고, 키우는 데 주력하고 있다. 이들이 이런 프로그램 개발하는 이유는 자명하다. 내부 혁신뿐 아니라 외부의 혁신을 받아들여 IoT 시대 생태계를 하나씩 장악해 나가겠다는 취지다. 내부 혁신만으로 급변하는 기술 경영 환경을 따라

잡기 쉽지 않다는 의미가 담겨 있다.

이들 글로벌 기업들이 IoT 기업에 실제로 투자하는 사례도 늘고 있다. 2014년 1월 기준으로 상위 5개 IoT 벤처캐피탈 가운데 3개가 바로 글로벌 기업과 관련된 벤처캐피탈들이다. 인텔 캐피탈, 퀄컴 벤처스, 시스코 인베스트먼트가 대표적인 IoT 투자 벤처 캐피탈들이다. 이들 기업은 투자와 M&A를 통해 IoT 시대를 자신들의 것으로 만들기 위해 뛰고 있다.

글로벌 기업들은 적극적인 M&A로 새로운 기술을 내부 혁신과 연결시키는 데 익숙하다. 캐피탈IQ와 베인앤컴퍼니에 따르면 구글은 2004~2013년 동안 무려 427개의 기업을 인수했고, IBM은 143개를 인수한 것으로 나타났다.

한국의 대기업은 지금까지 내부 혁신을 통해 글로벌 기업으로 빠르게 성장해 왔다. 빠른 의사결정과 수직계열화의 장점을 살려 빠르게 변화하는 환경 변화를 따라잡아 성공을 거뒀다. 하지만 이제는 기존의 성공 모델에 생태계를 아우르는 협력 모델을 접목해야 할 시기라는 조언에 귀를 기울여야 할 때다.

글로벌 기업으로 성장한 만큼 빠르게 1등을 따라잡는 패스트 팔로어 전략보다는 생태계를 장악해 앞서나가는 퍼스트무버 전략을 펴야 한다는 것이다.

• 글로벌 톱5 센서산업 육성

한국이 다른 나라보다 앞서 새로운 기술을 도입할 때마다 나오는 논란이 있다. 바로 한국이 테스트 베드로 전락했다는 비판이다. 한국이 노력한 만큼 충분한 실익을 챙기지 못했다는 것이 핵심이다.

초고속인터넷이 급속히 확산됐을 때도 이런 비판이 나왔다. 세계에서 가장 빠르게 초고속인터넷이 퍼졌지만 알고 보니 외국계 시스템통합(SI)업체나 소프트웨어 업체, 네트워크 업체들 배만 불려준 결과를 낳았다는 비판이 끊이질 않았다.

한국이 CDMA 이동통신 분야에서 기술력을 키웠지만 결국 특허를 보유한 퀄컴만 실익을 봤다는 비판도 일각에서 제기된다. CDMA 상용화 덕분에 한국이 휴대폰 강국으로 도약할 수 있었다는 반론도 있지만, 어쨌든 테스트 베드 논란은 신기술을 적용할 때마다 제기되는 단골메뉴였다. 이는 한국이 응용기술은 뛰어나지만 기반기술이 약해서 벌어지는 일들이다.

IoT 시대의 핵심은 무엇일까. 다름 아닌 센서다. 다양한 센서들이 사물에 부착돼 데이터가 모아진다. 이미지, 촉각, 온도, 압력 등 상태를 측정하는 다양한 센서들이 필요하다. 센서는 시각,

청각, 촉각, 후각, 미각 등 인간의 오감을 정보신호로 바꾸는 정보탐지장치로 보면 된다. 지금은 존재하지 않는 다양한 센서들도 생겨날 것이다.

스마트센서시장은 2012년에 796억 달러(83조 원)에서 2020년에는 1,417억 달러(148조 원)까지 늘어날 전망이다. 센서시장은 메모리반도체 시장 규모로 연평균 9% 이상 급성장하는 시장이다.

문제는 이전처럼 단순 디지털 센서가 아니라 첨단 스마트 센서의 비중이 커지고 있다는 것이다. 자동차나 스마트폰에 들어가는 첨단 센서들의 비중이 높아지고 있는데, 한국은 이 분야에

| 세계 센서시장 규모 |

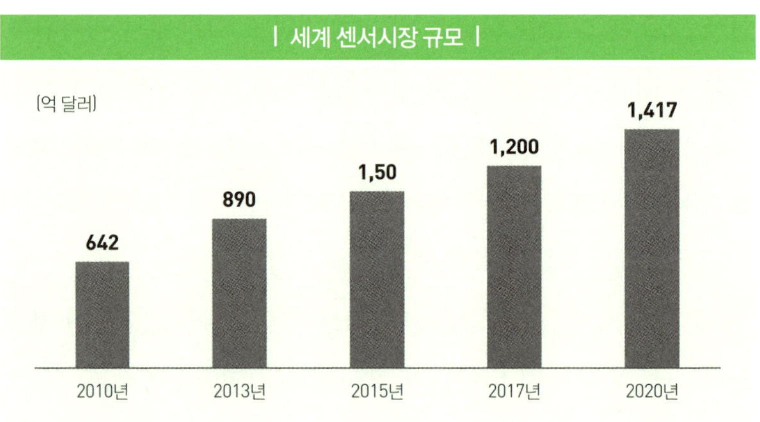

* 자료: 산업통상자원부

서 기술력이 거의 없는 상태다. 센서시장에서 첨단센서 비중은 2020년이면 거의 절반을 차지할 것으로 예상된다.

기계 부품이나 전자회로 등을 하나의 실리콘 기판에 집적화한 멤스(MEMS) 시장이 IoT의 핵심 센서로 볼 수 있다. 이 멤스는 스마트폰 등 모든 IT 기기에 필수로 들어가는 핵심 부품이다.

센서시장은 미국, 독일, 일본 등 소수 나라의 소수 기업들이 과점을 하고 있는 시장구조다. 새로운 기업이 들어가기 힘든 구조로 돼 있다. ST마이크로일렉트로닉스, 놀스, 아바고, AKM, 보쉬 등 주요 업체 5개가 대부분 시장을 장악하고 있다. 예를 들어 요즘 크게 뜨고 있는 모바일과 태블릿 시장 핵심센서의 75%는 4개 회사가 장악하고 있다.

멤스 시장 전체를 놓고 봐도 비슷하다. ST마이크로일렉트로닉스, 보쉬, 텍사스인스트루먼트, HP 등 상위 몇 개 업체들의 점유율이 아주 높다. 센서시장을 잘 보면 또 다른 특징이 하나 숨어 있다. 센서는 다품종 소량생산 방식이다. 필요에 따라 다양한 센서들이 출현한다. 멤스 시장 상위 30개 기업의 매출 분포를 보면 5,400만 달러(567억 원)에서 10억 달러(1조 500억 원) 사이에 포진돼 있다. 그만큼 기술력 있는 강소 장수기업들이 많이 있다는 얘기다.

한국 센서의 기술력은 앞선 미국, 일본, 유럽 등 선진국 100점을 기준으로 소재는 55.5, 설계는 72.4, 양산은 69.7, 핵심은 55.8 정도의 기술 수준에 머물러 있다. 정부 차원에서 센서 시장을 키우기 위한 정책적인 지원 방안은 그 동안 꾸준히 있어 왔다. 하지만 아직 눈에 띄는 성과가 나오지는 못하고 있다.

문제의 핵심은 우리나라에서 개발한 센서가 제대로 된 수요를 찾지 못하고 있다는 것이다. 스마트폰 분야에서는 세계시장 점유율 30%를 차지하고 있지만 정작 이 스마트폰과 태블릿에 들어가는 핵심 센서들 대부분은 외국 제품이다. 제대로 된 수요처가 없으니 개발이 쉽지 않다는 것과 기술력이 덜 된 제품을 사용할 수 있느냐는 반문이 맞서 있다.

세트 업체들이 통상 2~3개의 부품사에서 부품을 공급받는 점을 감안하면 스마트폰, 태블릿과 관련한 멤스 시장에서만 한국이 최소한 8,000억 원 이상의 부품을 자력으로 공급할 만한 여지가 있다.

대기업이 중소기업들과 손잡고 기술력 있는 제품을 공동으로 개발하고, 정부가 세금 등 다양한 방식으로 지원 방안을 마련하는 협력 모델을 통해서만 가능하다. 스마트폰, 태블릿 부문에서만 8,000억 원 이상 시장을 점유한다면 글로벌 톱5에 들어가는 센서기업을 키우는 일이 불가능한 일은 아니다.

• 데이터 사이언티스트 10만 육성

미국의 취업사이트인 글라스도어가 '2014년 미국에서 인턴 월급이 가장 많은 회사'를 발표했다. 여기에서 1등을 차지한 기업은 어디일까. 팔란티르테크라는 기업이다. 이 회사는 데이터 분석과 보안을 맡고 있는 회사로 인턴 월급이 우리 돈으로 700만 원을 훌쩍 뛰어 넘는다. 데이터를 제대로 분석하는 일이 미래의 고수익 인기직종이라는 의미다.

〈하버드비즈니스리뷰(HBR)〉는 데이터 사이언티스트를 두고 "21세기 가장 섹시한 직업"이라고 명명했다. 데이터 사이언티스트는 말 그대로 데이터를 분석하는 과학자다. 디지털 데이터에 담겨 있는 기회를 포착해 새로운 비즈니스를 창출하고 기업에 도움을 주는 것이 데이터 사이언티스트의 임무다.

IBM에 따르면 전 세계에 쌓여 있는 데이터의 90%가 최근 2년 동안 생성됐다. 제대로 데이터를 분석하지 못하면 국가와 기업에 심대한 도전이 될 것이라는 게 공통된 의견이다.

이 때문에 데이터 분석과 통계, 소프트웨어 프로그래밍, 비즈

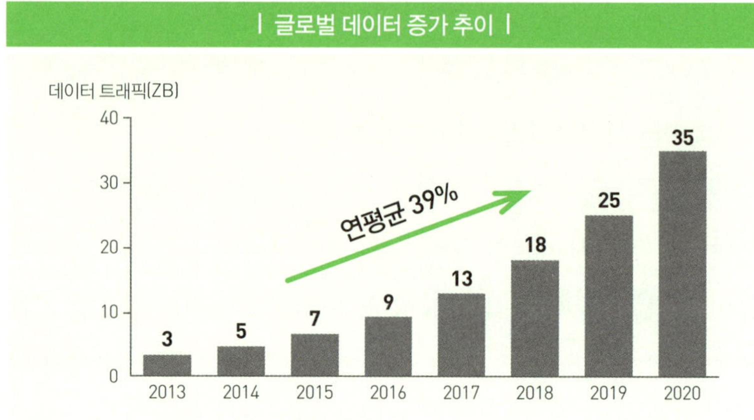

| 글로벌 데이터 증가 추이 |

* ZB(제타바이트)=$1,000^3$×TB(테라바이트)

니스 마인드까지 갖춘 전천후 데이터 사이언티스트를 키우는 것은 곧 국가경쟁력과 맞닿을 만큼 중요한 이슈로 부상했다.

〈포춘〉에 따르면 2015년까지 데이터를 다루는 전문인력의 수요가 450만 명에 달할 것으로 예상되지만 공급은 불과 20만 명에 그칠 것이라는 전망이다. 또 다른 전망 중에는 2018년까지 미국 내에서만 169만 명의 데이터 분석 인력이 부족할 것이란 분석도 있다.

데이터 사이언스에 대한 중요성이 점점 커지면서 이를 정규과정으로 편입시키는 대학들도 생겨나고 있다. 대표적인 곳이

2014년부터 데이터 사이언스 석사과정을 정식으로 개발한 미국의 UC버클리대다. 이 대학은 MIDS라는 정보데이터 사이언스 석사과정을 온라인으로 열어 전문가들을 양성하기 시작했다. 각 분야에서 경험을 쌓은 이들을 대상으로 데이터에서 의미를 뽑아내는 전문인력을 키우기 시작했다는 의미다.

이렇게 키워진 데이터 사이언티스트는 글로벌 산업전선의 게임 판을 바꾸는 역할을 하게 될 것이다. 정보화 시대에는 여러 고소득 직종이 생겨나기 마련인데, 데이터 사이언티스트는 10만 달러 이상의 연봉을 받아 단순 프로그래머를 크게 앞설 것이라는 전망이다.

메가트렌드 변화에 따라 고급 인력 수요가 크게 늘고 있지만 자칫하면 주먹구구식 인력 양성으로 향후 미스매칭이 될 가능성이 있다. 기업과 정부, 그리고 인력을 키워내는 대학과의 협력을 통해 전체 일자리 변화를 감안해 인재 양성 로드맵을 그리는 것이 바람직하다.

당장 데이터를 분석하는 전문인력만 놓고 봐도 그렇다. 대학에서는 통계와 프로그래밍, 데이터 분석 능력을 가진 인력이 대단히 많다고 얘기한다. 하지만 기업에서는 쓸 만한 인력이 부족하다고 하소연한다.

서울 한 사립대 공대교수는 "데이터 분석에 적합한 능력을 가진 인재들은 우리 대학에 많이 있고, 커리큘럼에도 이미 반영이 돼 있다"며 "다만 이에 대한 기업들의 전문인력 수요가 아직은 제대로 형성되지 않은 상태라, 기업과 대학의 협업이 필요한 부분"이라고 말했다.

따라서 대학은 산학협력 차원에서의 전문인력 양성, 정부는 공공데이터 등 공적 영역에서 필요한 데이터 분석을 위한 전문인력 채용 등을 확대하는 방식으로 전문가를 키우는 데 도움을 줘야 한다는 지적이다.

IoT 시대에 접어들면서 데이터 사이언티스트뿐 아니라 이를 비즈니스에 구현하기 위한 앱 개발 전문가의 수요가 대거 늘어날 전망이다. 유럽연합(EU) 고용위원회는 2018년까지 앱 개발과 관련해 500만 명의 고용이 창출될 것이라고 전망하고 있다. 바르셀로나는 스마트 시티 프로젝트를 추진하면서 약 4만 7,000명에 달하는 신규 일자리를 창출했다고 분석했다.

또 다른 전문가 집단은 이른바 화이트 해커다. IoT 시대는 인간의 모든 행동이 데이터로 저장된다. 이 같은 개인 정보가 뚫리면 IoT 시대는 멈추는 것과 다름없다. 보안을 책임지는 화이트 해커의 중요성이 날로 높아지고 있다.

고부가가치 신규 일자리만 생기는 것이 아니다. IoT 시대에는 상당히 많은 일자리가 파괴될 가능성이 있다. 모든 공장이 스마트 공장으로 변신하면 공장의 중간관리자 수요는 크게 떨어진다. 단순직 근로자의 일을 로봇이 대체하는 날도 멀지 않았다. 따라서 데이터 사이언티스트 10만 명 양성과 함께 IoT 시대를 대비하는 일자리 로드맵을 그려 인재육성 전략을 면밀히 검토해야 한다.

• 이노베이션K 3030

독일에서는 요즘 스마트공장 프로젝트가 한창이다. 노벨상의 산실인 독일 최대 연구소 프라운호퍼가 대학 및 국내외 기업들과 공동으로 스마트 그린 도심형 공장 프로젝트를 위해 협업을 진행 중이다.

독일 제조업의 생산성을 30% 이상 높이겠다는 것을 목표로 추진 중인 이 프로젝트는 제조업 강국인 독일이 IoT라는 새로운 개념을 접목해 산업혁명에 준하는 새로운 혁신을 달성하겠다는 목표다.

3D프린터 등 새로운 제조 개념이 생겨나고 있는 상황에 맞춰

기계 간 통신, 웨어러블 적용 등을 접목해 다품종 생산이 가능한 생산체계를 완성하겠다는 것이다. 지멘스, BMW 등 독일 대표기업들은 표준화 경쟁을 주도하며 스마트 공장 개념을 실제 산업 현장에 속속 도입하고 있다.

포스코경영연구소는 "자동차 기기 기업인 비텐슈타인은 소음과 오염배출을 혁신적으로 줄인 친환경 도심형 공장으로 근로자들이 가까운 거리를 출퇴근하고, 생산과정에서 남는 열을 지역 난방에 활용해 지역에 공헌하고 있다"며 "독일의 스마트 공장은 특정 기술이 아니라 제조업 분야에서 시대적 전환을 의미한다"고 분석했다.

독일의 국내총생산(GDP) 중에서 제조업 비중은 22%로 선진국 가운데 최고 수준에 달한다. 독일이 고령화에서 청년실업까지 모든 문제 해결의 초점을 제조업 혁신에 두고 있는 이유는 이 때문이다. 그런데 한국의 제조업 비중은 독일보다 높다. 무려 31%에 달한다. 제조업 혁신은 그 어느 때라도 포기할 수 없는 목표다.

게다가 한국 산업은 중국의 끊임없는 추격을 받고 있다. 국가전략기술에서 중국과의 격차는 10년 전까지만 해도 3년 정도를 유지했지만 이젠 2년 이내로 좁혀졌다. 중국은 이제 세계의 공장이 아니라 세계의 첨단연구소로 거듭나고 있다. 한국에 더 불리한 것은 미국, 일본 등 선진국들이 제조업 부흥을 목표로 삼고 있다는 것이다.

과거에는 소비대국인 미국의 성장이 중국 공장 가동률을 높였고, 이는 곧 한국 산업 발전을 가져오는 선순환 구조가 조성됐다. 하지만 이제는 이런 선순환 구조가 경쟁관계로 바뀌고 있다. 중국 제조업이 스마트폰을 넘어 웨어러블 시대를 넘보고 있을 만큼 기술 경쟁력이 높아졌고, 미국은 제조업 르네상스를 목표로 부활을 노리고 있다.

미국에서는 제조업 혁신연구소를 세워 3D프린터 등 신기술을 접목해 제조업 공장의 리쇼어링을 독려하고 있다. 미국 내에 공장을 세워도 경쟁력이 있는 나라로 거듭나겠다는 것이다.

한국의 선택은 무엇일까. 과거 한국 제조업은 혁신의 상징이었다. 2000년대 초반 포스코는 전사적자원관리(ERP)를 구축해 전 세계 철강업체 중 가장 뛰어난 경쟁력을 선보였다. 포스코의 혁신으로 신제품 개발 기간을 4년에서 1.5년으로 단축했다. 현대중공업은 육상에서 선박을 건조하는 신기술을 도입해 85일이 걸리던 평균 선박 건조기간을 55일로 단축하기도 했다. 한국 제조업의 이 같은 창의적인 혁신은 중국의 추격을 뿌리치고 제조업 경쟁력을 유지한 비결이었다.

한국 제조업이 다시 한 번 성장하기 위해서는 IoT를 접목한 새로운 차원의 제조업 혁신 플랜 '이노베이션K 3030'이 필요한 시점이다. 생산성을 지금보다 30% 이상 높이고, 신사업 매출도 30% 늘리는 새로운 혁신방안을 찾아야 한다는 의미다.

IoT 혁신의 첫 번째는 산학연 공동 프로젝트를 출범하는 것이다. 스마트 공장 혁신은 아직 제대로 된 표준이 정립되지 않았다. 이 같은 표준을 주도하기 위해서는 국가차원의 공동 프로젝트로 진행돼야 한다. 기업 단위의 프로젝트로는 경쟁력을 확보하기 힘들다는 것이다.

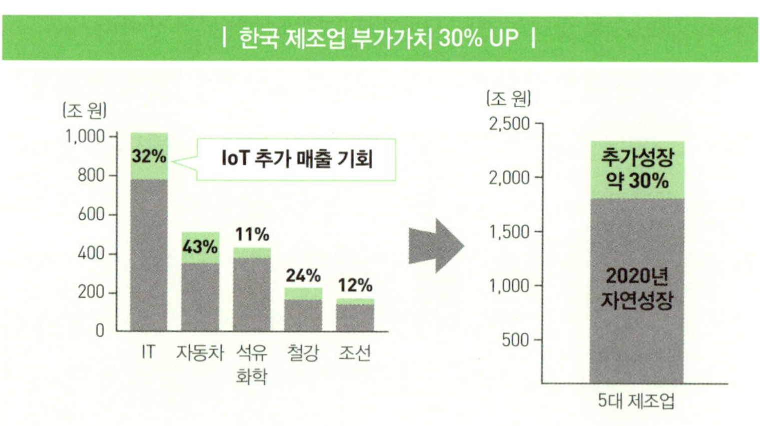

* 자료: 매일경제, 베인앤컴퍼니

우리나라에는 25개의 기초과학 산업관련 국책 연구소들이 있다. 이들 연구소들이 과제 중심으로 프로젝트를 진행하도록 역할을 재조정하는 것도 필요하다. 중복 연구 가능성을 줄이고 선택과 집중을 하기 위해서다.

한때 국책연구소를 통합하자는 움직임이 있었지만 형식적인 통합보다 중요한 것은 프로젝트의 선택과 집중이다. 과제중심으로 연구소마다 책임지고 프로젝트를 진행하는 것이 한 방법이다. 독일의 경우 독일 전역에 산재된 프라운호퍼 연구소 프로젝트별로 대학, 기업과의 협업체제가 구축돼 세계 최고 명성을 이어가고 있다.

IoT는 융합이다. 생산성혁신과 새로운 비즈니스 창출을 위해서는 국가차원의 최고기술책임자(CTO)가 필요하다. 또 전 산업분야와 대학을 막론하고 CTO들이 모인 전문가포럼을 통해 신규 비즈니스 아이디어를 발굴하고 논의하는 장을 마련하는 것도 고려해야 한다.

첫째도, 둘째도 기술이다

윤종용 국가지식재산위원회 위원장은 "우리 청년들에게 헝그리 정신이 없고 꿈과 호기심이 없다"며 "호기심이 많으면 꿈으로 연결되고, 꿈이 열정으로, 도전으로 연결된다"고 강조했다. 윤 위원장은 기업가 정신의 쇠퇴는 한국 경제의 성장엔진을 멈추게 하는 것이라고 우려했다. 그는 "오늘이 없으면 내일이 없다"며 "오늘 최선을 다하고 남보다 더 많은 노력과 호기심을 가져야 한다"고 강조했다.

기업 혁신에 대해 윤 위원장은 "경쟁력이 어디에서 어디로 가는지 아는 것이 첫 번째요, 부가가치가 어떻게 변할 것인지를 아는 것이 두 번째"라며 "창의력과 두뇌, 스피드가 중요하다"고 강조했다. 그는 "하드웨어는 도전과 실패가 가능하다"며 "하지만 기술이 없는 회사는 기술을 살 수 없다. 첫째도, 둘째도 기술이다"고 덧붙였다.

네비게이터(Navigator)

• 규제 패러다임을 바꿔라

2014년 3월 식품의약품안전처는 삼성전자의 갤럭시S5처럼 운동·레저 목적으로 심장 박동수와 맥박을 측정하는 기계는 의료기기에서 제외한다고 발표했다. 삼성전자의 스마트폰 갤럭시 S5에 탑재된 헬스케어 기능이 의료에 해당되는 것 아니냐는 논란이 일자 관련 규정을 개정한 것이다.

IoT 시대에는 수많은 기기들이 인터넷에 연결돼 서비스기기로 바뀐다. 산업과 산업 간 융합도 일상이 된다. '규제를 할 것인가, 탈규제를 할 것인가'라는 이분법으로 해결하기 쉽지 않은 새로운 상황에 직면하게 된다. 패러다임 자체가 변해야 하는 시대가 오게 되는 것이다.

무인차가 달리고 있는 미국의 경우 플라잉카에 대한 규정을 어떻게 만들어야 할 것인가에 대해서도 논의를 하고 있다. 구글은 자체 개발 중인 센서가 탑재된 콘택트렌즈에 대해 미국 식품의약국(FDA)과 논의를 진행 중이다. 애플 역시 2013년 말부터 웨어러블 제품에 탑재될 헬스케어 관련 기술에 대해 임원들이

FDA와 미팅을 갖고 논의를 시작했다는 외신이 나오고 있다.

IoT 시대의 새로운 융합에 대응하기 위해서는 기업과 규제당국이 수시로 채널을 열어놓고 새로운 룰을 만들어내기 위해 머리를 맞대는 것이 중요하다. 특정 규제를 놓고 푸느냐, 마느냐를 고민하는 1차원적인 접근이 아니라 완전히 바뀌는 룰을 사전에 심도 있게 논의하는 제도적 접근이 필요하다. 규제를 맡고 있는 정부 관료들이 개방적인 태도로 바뀌어야 가능한 일이다.

IoT와 관련된 규제 중에는 법전에 명문화돼 있는 특정 규제를 바꾸는 것이 아니라 수많은 이해관계자들의 의견을 종합하고 설득해 새로운 룰을 만들어내야 하는 것들이 적지 않아 리더십이 요구된다.

예를 들어 스마트 홈을 구축하면서 가스, 전기, 수도에 대한 스마트 미터링(계량)을 적용하려고 해도 관련 기관이 모두 다르다. 가스, 전기, 수도를 공급하고 안전을 관장하는 곳이 상이하고, 방식도 다르다. 스마트 미터링으로 통합 관리할 만한 기술을 보유한다고 하더라도 이해관계자들과 의견을 조율해야 한다. 한 정부부처 관계자는 "이런 경우 어느 부처가 먼저 주도해야 할지부터 난감해진다"고 말했다.

의료에 IoT가 접목되면서 불거질 가능성이 있는 원격진료, 민영보험 등의 이슈만 하더라도 이해관계자들의 의견을 조율하는 것이 필수적이다.

결국 IoT와 관련된 규제는 단순히 산업적인 지원 차원의 이슈라기보다도 교육, 의료, 공공 등 각종 서비스와 관련돼 모든 부처와 연관되는 이슈라고 볼 수 있다. 서비스 규제가 그 어느 나라보다 강력한 한국 입장에서는 심각한 위기를 불러올 수도, 제대로만 하면 이번 기회에 빅뱅을 가져올 수 있는 기회가 될 수도 있다는 얘기다.

정보 수집과 이용에 대한 패러다임도 바뀌어야 한다. IoT 시대에는 개인의 모든 정보가 데이터로 변해 어딘가에 저장된다. IoT 신발을 신으면 걸음걸이에 대한 모든 것이 기록된다. IoT 체중계는 건강정보가 모두 저장된다. 밴드도 마찬가지다.

개인에 대한 모든 정보는 자신도 모르는 사이에 모두 기록된다. 사실상 프라이버시가 사라지는 시대에 접어들게 된다. 미래에는 호텔 룸이 '흡연실'이나 '비흡연실'이 아니라 '커넥티드 룸(인터넷에 연결된 방)'이나 '언커넥티드 룸'으로 변하게 될지 모른다. 페이스북 창업자 마크 저커버그는 "프라이버시는 더 이상 사회 규범이 아니다"라는 의미를 담은 언급을 해 논란이 일기도 했다.

이렇게 개인정보가 세세히 기록되는 시대에는 개인정보를 보호하는 보안이 그 어느 때보다 중요해진다. 해킹이나 관리소홀로 민감한 개인정보가 유출될 경우 상상을 초월하는 역풍을 맞게 될 게 분명하다.

지금까지 규제의 패러다임은 정부의 수집을 최대한 억제하는 쪽에 맞춰져 있었다. 카드 하나를 가입해도, 인터넷 사이트에 회원가입을 해도 '개인정보 제공에 동의하십니까'라는 물음에 여러 차례 '동의'해야 하는 단계를 거친다. 개인정보 수집을 엄격히 제한한다는 측면에서 시행된 것이다.

하지만 IoT 시대의 핵심은 정보가 자유롭게 흐르는 것이다. 특히나 특정 사업목적을 위해 개인정보 사용에 '동의'하는 방식은 IoT가 가져올 미지의 비즈니스에 개인정보를 이용할 수 없게 만든다.

규정에 있는 것만 허용하고 나머지는 모두 금지하는 현재의 포지티브 규제시스템을, 규정에 있는 것만 금지하고 나머지는 모두 허용하는 네거티브 규제시스템으로 바꿔야 한다.

개인정보 유출 관련 기사가 끊임없이 쏟아져 나오는 마당에 정보 수집을 더 자유롭게 하라는 게 무슨 말이냐는 반론이 제기된다. 하지만 정보유출은 정보 수집을 자유롭게 해서라기보다 정보를 제대로 관리하지 못한 데서 비롯된 것이다.

따라서 정보 수집에 대한 규제는 풀고 정보 이용에 대한 규제는 지금보다 더 강력하게 하는 방향으로 규제의 초점을 옮겨야 한다. 정보가 유출됐을 경우 기업이 파산을 각오해야 할 정도로 강력한 조치가 뒤따른다면 정보 수집에 대한 자율성을 확대해 IoT 시대에 대비하고, 보안은 더욱 강화되는 선순환 구조를 만들어 낼 수 있다.

카드 3사 개인정보 유출사고 이후 정보유출에 대한 처벌이 강화되긴 했지만 해킹이 발생하면 최고 20년의 징역을 선고하고, 집단소송의 대상이 되는 미국과 비교하면 솜방망이 수준에 그치고 있다는 지적이 나온다.

정보 이용에 초점을 맞춘다는 것은 정보보안의 책임을 개인에게 떠넘기지 않고, 기업에 자율성을 주되 더욱 강력한 책임을 요구한다는 패러다임의 전환을 의미한다.

• 응답하라 전자정부3.0

2009년 고교생이 만든 '서울버스'라는 버스 운행정보를 알려주는 앱이 나온 이후 공공정보 개방에 대한 논란이 벌어졌다. 이후 정부는 민간이 공공정보를 효율적으로 이용하도록 하겠다며 전자정부3.0 이라는 기치를 내걸었다. 2016년까지 정보개방 비율을 60%까지 높이겠다는 것이다.

우리나라에 있는 데이터의 90% 이상은 정부와 지자체 등 공공기관에 보관돼 있는 것으로 추정된다. 교통, 지도 등 공공데이터를 이용하면 사업화할 수 있는 것들이 즐비하다. 전자정부3.0에서 표방하고 있는 개방비율도 선진국보다 높은 수준이다.

하지만 현실은 어떨까. 최근까지도 지하철 교통정보를 알려주는 앱을 개발한 기업들과 공공기관 사이에 정보이용에 대한 옥신각신이 벌어지고 있다.

정보개방에 대한 60% 목표는 정해져 있지만 개방되는 정보가 민간에서 그다지 필요로 하지 않는 정보라면 아무런 소용이 없다. "민간이 필요로 하는 정보를 기준으로 개방률을 따져야 한다"는 주장이 나오는 이유다.

최근 공공정보를 요청한 한 기업의 사례를 보면 정보개방에 대한 실행이 여전히 아날로그 방식에 머물러 있음을 보여준다. 정부 데이터를 가지고 비즈니스를 하기 위해 데이터를 요구했지만 정작 데이터가 아닌 문서파일로 정보를 받았다는 것이다. 정보를 사용하지 말고 보라는 것과 다름없다.

공공데이터를 개방해 잘 활용하고 있는 나라로 꼽히는 곳은 영국이다. 영국은 오픈데이터연구소(ODI)를 설립해 공공데이터를 사업화하기 위해 체계적인 노력을 하고 있다. ODI는 대학 교수가 설립한 연구소지만 정부가 1,000만 파운드를 지원했다. 이 연구소는 데이터를 통해 신규 비즈니스를 창출할 수 있는 것까지 도움을 주고 있다.

정보 개방이 민간의 수요자 중심의 개방이 되기 위해서는 구조적인 문제점들을 하나씩 풀어나가야 한다. 정보개방 요청이 왔을 경우 공공기관 입장에서는 보수적으로 접근하기 마련이다. 추후 정보개방에 대한 책임이 뒤따르기 때문이다. 공공기관마다 정보공개 범위가 달라질 수밖에 없다.

또 부처 간에 핑퐁게임이 벌어질 가능성도 농후하다. 성균관대 산학협력단이 2013년 말 작성한 〈정부3.0 구현을 위한 전자정부법 체계 개편방안 연구 보고서〉를 보면 전자정부 기획조정회의 설치가 필요하고, 국가정보화 총괄 추진체계가 필요하다고 조언하고 있다. 정부, 국회, 법원 등 헌법기관과 중앙행정기관, 지방자치단체 등 모든 국가 행정기관이 차별 없이 전자정부 서비스를 제공하기 위해서는 기관 간의 조정이 중요하다고 본 것이다.

정보데이터 요청이 왔을 경우 정해진 시일 내에 답변을 해주지 않으면 페널티를 적용하는 방법도 고려해야 한다. 데이터 공개와 관련해 거절의견만큼이나 애를 먹이는 것이 바로 묵묵부답이기 때문이다.

정부 차원의 일괄적인 서비스를 위해서는 원스톱으로 데이터 요청을 처리해주는 코디네이터도 고려해볼 만하다. 민간에서 이 원스톱서비스를 이용하면 손쉽게 정보데이터 이용을 할 수 있도록 하는 방식이다.

• 한국을 데이터센터 허브로

싱가포르 정부는 2012년 정보통신개발청(IDA)을 통해 데이터센터파크(DCP)를 설립했다. 스마트폰과 태블릿을 통해 언제 어디서나 데이터를 주고받는 시대에 접어들면서 데이터센터 허브를 국가 전략으로 내세운 것이다.

데이터센터파크는 세계 최고 수준의 백업시스템과 전력 통신망을 갖췄고, 법인세 공제와 직접적인 자금지원에 이르기까지 글로벌 기업의 데이터센터와 관련서비스를 유치하기 위해 사활을 걸었다. 아시아의 금융허브로, 아시아의 비즈니스 허브로 자리

잡은 싱가포르가 데이터에서 새로운 금광을 찾겠다는 것이다.

싱가포르뿐 아니라 세계 각국은 점점 더 커지는 데이터센터를 잡기 위해 정부 차원의 다각적인 노력을 경주하고 있다. 세계 최대 SNS기업인 페이스북 데이터센터를 유치한 스웨덴은 정부와 투자청이 손을 잡고 개발지원금과 저렴한 전기료를 제공하기로 약속했다. 스웨덴은 추운 날씨 덕분에 전기사용량을 줄일 수 있는 장점이 있는데, 페이스북 데이터센터 유치를 계기로 글로벌 기업 데이터센터 유치를 위해 다방면으로 뛰고 있다.

구글, 아마존, 이베이, IBM 등 글로벌 기업들은 데이터가 생명줄이다. 전 세계 각지에 데이터센터를 세우고 이를 통해 클라우드 서비스를 제공한다. 향후 데이터센터 수요는 점점 더 많아질 것이고, 이에 따라 데이터센터 허브국가의 중요성도 커질 것이다.

싱가포르는 이 같은 전략을 추진한 덕분에 10개 이상의 글로벌 데이터센터가 둥지를 틀고 있다. 홍콩에도 10여개의 데이터센터가 자리를 잡고 있다.

그렇다면 데이터센터가 되기 위한 전제조건은 무엇일까. 데이터센터와 관련 서비스가 자리 잡으려면 인터넷 ICT 인프라스트럭처가 잘 구축돼 있어야 하는 게 기본이다. 엄청난 전력이 필요한 점을 감안하면 값싼 전기료에 안정적인 전기공급도 필요하다.

또 자연재해가 없어야 한다. 지진, 태풍 등 자연재해가 자주 발생하는 지역에 데이터센터를 설립하는 것은 위험하다. 일본 지진 우려로 부산이 데이터센터 요충지로 떠오른 것도 자연재해에 대한 위험이 적기 때문이다.

사실 이런 전제조건만 놓고 보면 한국은 아시아의 데이터센터가 되기 위한 최적의 조건을 모두 갖추고 있다. 전기요금은 경제협력개발기구(OECD) 중에서도 가장 낮은 편에 속하고 지진 등 자연재해는 거의 없다고 해도 과언이 아니다.

그럼에도 불구하고 한국에 데이터센터와 관련서비스를 구축한다는 말만 무성할 뿐 실제로 행동에 옮기는 글로벌 기업은 그다지 많지 않다. 미국 인터넷 트래픽의 약 25%를 차지하는 것으로 알려진 구글만 해도 아시아에 짓는 데이터센터를 한국이 아닌 싱가포르와 대만에 설립했다.

글로벌 기업들이 한국에 데이터센터 설립을 꺼리는 이유 중 하나로 꼽히는 것이 보이지 않는 규제다. 고객 정보보호가 생명인 글로벌 IT기업들 입장에서는 정보보안 정책이나 압수수색 등에 대한 불안감이 있는 것으로 알려졌다.

이를 해소하기 위해서는 정부 차원의 데이터센터 허브 전략을 세워 글로벌 기업의 불안감을 불식시키고, 싱가포르 못지않은 체계적이고 구체적인 지원 방안을 마련해야 한다. 현재 정부와 일부 지자체가 데이터센터 유치를 위한 전략을 마련하고 있지만 협업이 제대로 이뤄지지 않고 있고, 지원방안도 경쟁 상대들에 비해 떨어진다는 지적이 나오고 있다.

한국의 데이터센터가 집중돼 있는 서울-대전-부산까지의 경부라인을 아시아 데이터센터 허브로 개발할 수 있는 전략적인 접근이 필요하다. 데이터센터 허브화 전략은 일자리 창출뿐만 아니라 클라우드와 관련한 다양한 IT서비스들을 키울 수 있는 장점이 있다. 가트너와 베인앤컴퍼니 분석에 따르면 글로벌 데이터센터 에코시스템 시장은 5,120억 달러(537조 원)에 달하는 것으로 나타났다.

또한 데이터센터는 한국이 'IoT 데이터의 아시아 중심'이라는 상징적인 의미가 상당하다. 한국의 정보보안에 대한 우려를 불식시킬 수 있는 계기이기도 하다. 무엇보다 글로벌 기업들의 두뇌에 해당하는 데이터센터가 한국에 즐비하게 설립될 경우, 과거 파주에 디스플레이공장이 설립됐던 것처럼 외국인 투자자들에게 안보이슈에 대한 걱정을 덜게 만들어주는 부수적인 효과가 있을 것으로 보인다.

아이투글로벌(Eye2Global)

• 서울을 IoT의 글로벌 허브로

도시는 IoT를 구현해 전 세계에 선보일 최고의 장소다. IoT를 구현한 도시는 효율을 높이고 공공성을 높이는 새로운 모델로 탈바꿈시킬 수 있다. 이 같은 도시 모델은 그 자체가 훌륭한 수출 상품이 된다.

전 세계 도시 가운데 IoT를 가장 적극적으로 접목하고 있는 도시는 스페인 바르셀로나다. 바르셀로나는 시스코와 손잡고 2011년 스마트 시티를 선언한 후 2012년부터 도심 중심부의 본 지구에서 IoT를 본격적으로 접목하고 있다.

주요 프로젝트는 원격으로 가로등을 제어하고 주차정보를 제공하는 스마트파킹, 1만 9,500개의 스마트 미터를 설치해 에너지 효율을 극대화하고, 77개 물처리장에 원격제어시스템을 갖춘 스마트 워터 시스템을 도입했다. 또 쓰레기통에 센서를 달아 무게를 자동으로 측정해 도심환경을 개선하는 스마트 환경에 이르기까지 다양하게 IoT를 구현했다.

바르셀로나와 시스코에 따르면 스마트 워터 하나만으로 연간

5,800만 달러(약 600억 원)에 달하는 예산을 절감하고 있다. 스마트 파킹 덕분에 주차 수입이 5,000만 달러(약 525억 원) 늘었다. 새로운 일자리도 4만 7,000개가 생겨났다.

사실 바르셀로나에서 적용되고 있는 IoT 기술들은 이미 한국에서도 시도됐던 것들이다. 한국에서는 2000년대 중반부터 유비쿼터스라는 이름 아래 경기도 화성동탄, 세종시, 원주기업도시 등 다양한 도시에서 스마트 시티를 위한 시설을 갖췄다. 여기에 투입된 돈만 1조 원에 달한다. 하지만 초기에 투자만 했을 뿐 지속가능성이 떨어지면서 애물단지로 전락한 곳이 적지 않다.

이유는 3가지로 요약된다. 초기에 수익모델을 만들지 않고 투자만 하는 바람에 지방자치단체들이 운영비를 조달할 수 없게 됐다. 공급자 중심의 모델로 수요자가 정작 필요로 하는 설비 위주의 스마트 시티가 구현되지 못했다. 또 각 도시들이 개별사업으로 진행하는 바람에 통합 운용이 쉽지 않게 됐다.

따라서 스마트 시티를 구현할 때는 수요자 중심의 수익모델을 따지는 것이 중요하다. 공공성이 중요하기 때문에 정부와 민간이 공동으로 투자해 설립한 조인트벤처를 통해 수익모델에 따라 IoT 스마트 시티를 구현하고, 초과 이익은 IoT 기금으로 활용하는 방식이다. 현재 송도에서는 이 같은 방식으로 디지털 시티 구현을 추진 중이다.

각 지역에 IoT를 접목할 때는 도시의 특성에 맞는 수요 지향형 사업모델을 추진해야 한다. 대도시는 다기능 CCTV와 주차장 사업, 중소도시에서는 관광·스포츠서비스와 물류서비스, 농촌은 농장 축사관리와 기상재해 등의 서비스를 우선적으로 실시하는 것이 바람직하다.

서울에서는 주차, 범죄, 교통 등 IoT를 접목해 수요를 창출하는 다양한 사업을 펼치는 동시에 서울만의 특성을 최대한 활용해 IoT의 글로벌 허브로 도약시키는 전략이 필요하다.

첫 번째 사업으로는 서울 용산과 세운상가, 테크노마트 등 3곳을 묶어 IoT 스타트업 트라이앵글로 개발하는 것이다. 과거에는 PC를 사려면 곧장 용산으로 달려갔다. 용산에는 PC를 조립하는 수많은 기업들과 D램 및 각종 그래픽카드까지 부품업체들이 즐비했다. 세운상가도 한때 가전제품의 메카였다. 테크노마트도 마찬가지다.

이 곳에는 아직도 약 1만여 개의 IT 관련 상가들이 모여 있다. 하지만 이젠 새로운 역할을 찾아야 할 때다. IoT를 기반으로 이 곳을 재개발하는 것이 필요한 이유다. 스타트업들의 요람이 되도록 이 곳에 IoT 테스트센터를 설치하고, 투자자들이 모여들 수 있는 컨설팅센터를 설치해야 한다. 또 벤처창업지원센터를 설립해 아이디어가 있는 대학생들과 일반인들이 쉽게 창업하고, 투자받고, 판매까지 원스톱으로 이뤄질 수 있도록 재개발해 나갈 필요가 있다.

두 번째는 서울을 의료 메카로 탈바꿈시켜 나가는 것이다. 서울에는 세계 최고수준의 의료기술과 설비, 서비스를 갖춘 대형 병원들이 모여 있다. 이들 병원에 IoT를 접목하면 서울을 디지털 의료허브로 키워나갈 수 있다.

의료에 IoT가 접목되면 연 25조 원에 이르는 경제효과가 있을 것으로 분석된다. 우선 원격 모니터링과 진료시스템을 노약자나 만성질환자를 대상으로 도입한 후 점점 확대해 나가는 것이 필요하다.

IoT와 의료가 접목되면 지금과는 다른 새로운 룰을 만들어야 할 필요성이 커진다. 이를 신속하게 풀어나가기 위해서는 IT의료특별법을 제정하는 방안도 강구해야 한다. 또 새로운 의료시스템은 곧 보험문제와 직결된다. 민영건강보험을 허용하는 방안도 함께 고려할 필요가 있다.

• 평창, 전 세계에 IoT 로드쇼

스포츠는 IoT가 실제로 어떻게 구현되는지를 단시간 내에 확연히 보여줄 수 있는 대표적인 분야다. 이미 수많은 분야에서 센서를 부착해 경쟁력을 높이는 작업이 진행되고 있다.

골프를 보자. 미국의 제프랩이라는 회사는 골프장갑에 센서를 부착해 스윙 과정에서 나타나는 데이터를 모아 잘못된 점을 교정해 준다. 퍼터와 드라이버에 센서를 넣어 스윙 궤적을 분석하는 장비들도 이미 개발됐다. 심지어 골프공에 센서를 부착하는 것도 시도되고 있다. 일종의 스마트 캐디서비스를 가능하게 해주는 것이다.

골프 장비에서 나온 데이터와 기상 데이터, 그리고 코스 데이터를 모두 종합해 최적의 스윙 방식을 제공하는 서비스가 제공될 것이다. 주말 골퍼들이 10타를 줄이는 것은 식은 죽 먹기가 되지 않을까.

이런 의미에서 전 세계 축제인 2018년 평창 동계올림픽은 IoT 기술을 모두 활용해 가장 효율성이 높은 이벤트로 만들어낼 기회다. IoT가 접목된 평창 올림픽은 어떤 모습일까.

개막식에 들어서는 관중들은 웨어러블 글라스를 쓰고 입장한다. 위치정보시스템 덕분에 수만 명이 들어가는 경기장에서 자신의 좌석 위치를 바로 확인할 수 있다. 눈앞에는 좌석까지 가장 빨리 갈 수 있는 지도가 그려진다.

개막식에 이어 빙상경기장으로 이동한다. 경기장을 오가는 셔틀버스는 무공해 전기 무인자동차다. 무인자동차를 타고 경기장에 가서 스피드 스케이팅을 관람한다. 멋진 장면을 다시 한 번 보는 것도 가능하다. 웨어러블 글라스를 통해 바로 눈앞에서 리플레이가 가능하기 때문이다.

올림픽 경기를 진행하는 경기요원들도 효율적인 업무가 가능하다. 서류를 들고 이리저리 오가는 모습은 찾아보기 힘들다. 모든 업무 지시는 글라스를 통해 이뤄진다. 소치 올림픽에서 무려 6만 명이나 동원된 보안요원들도 크게 줄어든다. 관람객들을 식별하고 입장하는 것이 센서 네트워크를 통해 실시간으로 진행되기 때문이다.

IoT의 효과는 선수들의 경기력을 극대화시킨다. 80여 개국에서 참가한 선수들이 뛰는 모든 경기장에는 센서가 촘촘히 박혀 있다. 선수들의 몸동작 하나하나가 모두 데이터를 통해 저장된다. 이렇게 모인 데이터는 모든 종목에서 선수들의 경기력을 높이는 데 이용된다. 손목에 찬 밴드는 심박에서 혈당까지 선수의 모든 상태를 실시간으로 파악해 최적의 경기가 가능하도록 돕는다.

행여 응급상황이 발생했을 경우 구급차를 통해 주요 병원까지 이동하는 최적의 길이 안내된다. 구급차는 신호등과 통신을 하며 자동으로 초록불로 바뀐 길을 달릴 수 있다. 단 한 번도 멈추지 않고 병원으로 바로 후송되는 시스템이다.

선수촌은 스마트 홈이 구현돼 있다. 경기와 연습을 마친 선수들이 집 안에 들어서면 뜨거운 커피가 마련돼 있고, 집안 온도와 습도는 날씨를 인지해 최적 상태를 유지한다. 무인비행기 드론은 평창 하늘 곳곳을 날며 보안과 긴급 물자를 나른다. 방송용뿐만 아니라 경기진행요원 역할도 하게 되는 셈이다.

IoT가 완벽하게 구현된 2018년 평창은 전 세계에서 몰려든 미디어를 통해 한국의 IoT 기술을 세계에 뽐내는 일종의 로드쇼 역할을 하게 된다. 참가한 80여 개국에 톡톡히 홍보할 수 있다.

이를 위해서는 지금부터 정부와 대중소기업, 그리고 외국기업까지 참여한 평창 IoT 준비팀을 꾸려 준비에 나서야 한다. 평창에 구현하는 IoT를 하나의 모델로 만들어 전 세계 어떤 이벤트에도 수출할 수 있는 수출 상품으로 구현할 수도 있다.

특히 평창 올림픽 2년 후면 일본 도쿄에서 하계올림픽이 열린다. 평창에 이어 도쿄에서도 IoT가 구현되도록 일본과 정부 차원의 협력을 하는 것도 방법이다. 양국이 공동으로 IoT를 구현하기 위한 플랫폼과 기술들을 개발해 세계 시장에 진출하면 성공가능성은 높아진다.

• 5G '로밍프리' 아시아

"영국과 독일은 아이디어를 함께 고민하고, 데이터를 공유하며, 혁신을 통해 다음 세대를 앞서나갈 것이다."

캐머런 영국 총리는 2014년 초 메르켈 독일 총리와 만난 자리에서 영화 한 편을 단 1초 만에 다운받을 수 있는 5세대 이동통신망을 공동으로 개발하겠다고 선언했다. 이는 단순한 이동통신 기술 개발이 아니라 유럽을 하나의 디지털 국가로 만들어보겠다는 의욕을 내비친 것이다.

내용은 구체적이다. 독일의 드레스덴대와 영국의 킹스칼리지, 서리대가 공동연구를 진행하는 대학 간 협력도 포함됐다. 메르켈 총리는 "우리는 새로운 산업혁명에 직면해 있다"며 "영국과 독일이 이런 시대를 앞서나가기 위해 7,300만 유로 규모의 펀드를 조성해 사물인터넷(IoT) 연구에 나서겠다"고 선언했다. 또 영국과 독일의 주도로 유럽은 로밍 비용을 없애 하나의 나라처럼 통신을 할 수 있는 시대를 열겠다는 계획을 추진 중이다.

재정위기로 어려움을 겪고 있는 유로존 최후의 보루인 독일은 영국과 손잡고 IoT를 디딤돌 삼아 부활을 노리고 있는 것이다. 이 같은 유럽의 움직임은 해외 공장 리쇼어링 등 제조업 르네상스를 통해 제조강국으로 다시 부활하려는 미국의 전략과 함께 아시아에 상당한 도전을 안겨주고 있다.

한때 세계의 성장엔진으로 불렸던 아시아가 선진국의 공세에 밀려 동력이 식어가고 있는 모습을 보이고 있다. 이런 상황에서 한국이 주도해 아시아의 미래를 위한 디지털 원 아시아 이니셔티브를 추진해나갈 필요가 있다.

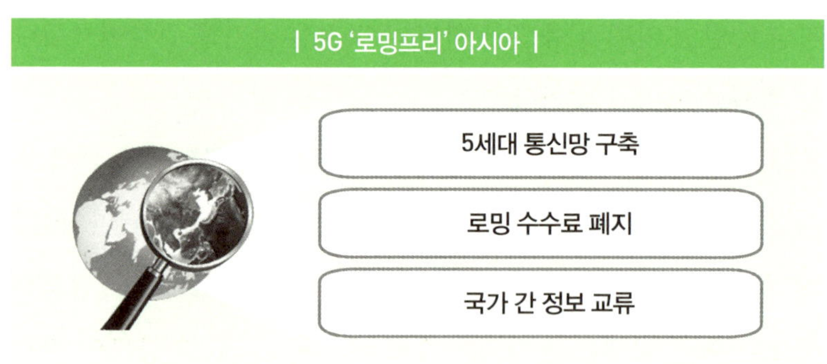

IoT는 아시아에 엄청난 기회가 될 것이다. 시스코에 따르면 2017년 지역별 모바일 데이터 트래픽 생성량을 전망한 결과 아시아태평양지역은 월 5.3엑사바이트(EB)로 북미(2.1EB), 서유럽(1.4EB), 동유럽(0.8EB) 등과 비교하면 2~3배 많은 양이다. 향후 본격적인 IoT 시대에 접어들면서 아시아의 데이터량은 기하급수적으로 늘어날 것으로 예상된다.

2000년대까지만 해도 아시아는 기술력을 보유한 일본, 일본의 부품소재를 수입해 세계수준의 완제품을 만들어내는 한국, 그리고 세계의 공장으로 불리는 중국으로 역할이 어느 정도 나눠져 있었다.

하지만 중국의 기술수준이 높아지면서 IoT와 이와 관련된 통신기술 등에 중국이 일본과 한국 못지않게 적극적으로 투자하고 있어 디지털 원 아시아를 위한 기반조건이 충족되고 있는 상태다. 중국은 상하이와 내륙도시 우시 등에 IoT 디지털 시티, 산업단지 대학 등을 적극 추진 중이다. 따라서 한중일이 손을 맞잡고 5G 기술을 공동으로 개발해 상용화를 앞당기고, 유럽처럼 로밍비용이 없는 아시아를 위한 논의를 시작할 때다.

디지털 원 아시아를 주도하는 것은 한국 기업의 시장을 키워나가는 데도 큰 도움이 된다. 체중계나 의류 밴드 등 IoT가 접목된 신제품을 한국 내에서만 팔아서는 제대로 된 수익을 올리기 쉽지 않다. 거대시장인 중국, 일본 시장에 진출하는 것이 필수적인데, 이를 위해서는 규제와 프라이버시 등에 관해 협의가 필요하다.

아시아 각국의 정보 교류와 보안 등 IoT가 가져오게 될 다양한 가능성과 문제점을 사전에 논의하는 협의체가 있어야 시장을 주도하는 기업도 키울 수 있다. 디지털 원 아시아는 한국이 IoT를 주도해 나가기 위한 필요충분조건이다.

인터넷 거버넌스 윤리강령

사물인터넷 시대가 본격화되는 2020년에는 현재보다 10배 이상의 사물이 인터넷에 연결될 것으로 예상된다. 이 경우 인터넷을 통한 정보 유통량은 현재의 수십 배에 달하게 된다. 사소한 정보들도 모두 모이면서 정보량을 감당하지 못해 인터넷이 접속불능에 빠질 수 있다는 예측이 나올 정도다.

인터넷에 많은 정보가 모일수록 인터넷 보안의 중요성은 더욱 커진다. 하지만 국내 현실은 참담하다. 카드사에 이어 최근에는 우리나라 국민 30%의 정보를 갖고 있는 통신사 KT에서도 1,200만 건의 개인정보가 유출됐다. 사이버 공간에서는 '개인정보는 공공정보', '한국정보는 중국 해커가 관리' 등의 자조 섞인 얘기까지 나오는 실정이다.

개방성과 투명성으로 세계를 하나로 연결하는 인터넷이 최근 몸살을 앓고 있다. 전 세계에서 자행되는 사이버해킹과, 익명성에 숨은 인신공격·사생활침해 등의 역기능이 가장 큰 문제다.

사상 최악의 태풍 가운데 하나로 꼽히는 '루사'가 다녀간 2002년, 우리나라가 입은 피해는 5조 1,479억 원으로 집계됐다. 반면 2013년 사이버범죄로 인해 전 세계가 입은 피해액은 약 120조 원에 달한다. 태풍 피해보다 인터넷 역기능으로 인한 손실이 23배나 많다는 얘기다.

인터넷 역기능 사례는 매년 꾸준히 증가하고 있다. 공공기관과 금융기관을 사칭해 돈을 빼가는 피싱사이트에 대한 차단건수는 2006~2010년 4년간 단 20건에 불과했다. 하지만 2011년 한 해에만 1,849건으로 껑충 뛰더니 2013년에는 7,999건으로 폭증했다. 개인정보침해 신고건수도 마찬가지다. 2010년 5만 4,832건이던 신고건수가 2013년에는 3배가 넘는 17만 7,736건까지 늘었다. 이용자 동의 없는 개인정보 활용에서부터 과도한 개인정보 수집까지 사례는 다양했다.

전문가들은 이러한 역기능을 공동의 윤리강령을 정한 뒤 이를 지키는 사회적 노력을 통해 풀어나가자고 제안한다. 자유, 개방, 소통이라는 인터넷의 기본정신은 존중하면서 부작용을 줄이는 기본 가이드라인을 갖자는 얘기다.

한국 인터넷의 아버지로 불리는 전길남 KAIST 명예교수는 "인터넷은 전 세계를 연결해 글로벌 경제 성장을 이끈 긍정적인 측면이 크다"며 "인터넷의 순기능을 최대한 살려 빈곤 해소와 지속 가능한 발전, 연대의 확장 등을 이뤄내는 지구촌의 노력이 필요하다"고 강조했다.

매일경제신문이 비전코리아 23차 국민보고대회에서 '인터넷 가이던스 윤리강령(Code of Conduct)'을 선포한 것은 인터넷의 역기능을 줄이면서 소통과 나눔이라는 순기능을 전 세계에 확산시켜야 한다는 인터넷의 기본명제에 보다 충실하려는 노력이다.

이번 윤리강령을 만드는 데에는 방석호 홍익대 법과대학장, 이기주 한국인터넷진흥원 원장, 이영음 방송통신대 교수, 장대환 매경미디어그룹 회장, 전길남 KAIST 명예교수, 전응휘 오픈넷 이사장(가나다순)이 참여했다.

윤리강령은 인터넷의 기본 정신인 개방성과 투명성이 최대한 존중되어야 한다는 점을 분명히 했다. 또 디지털 격차가 또 다른 빈곤으로 이어지지 않도록 지속적이고 체계적인 노력을 해야 한다는 점을 강조했다.

방석호 학장은 "인터넷을 통한 정보의 취득과 활용이 연령별, 경제적 계층 간, 지역적, 문화적 갈등 등을 심화시켜서는 안 된다"며 "이를 줄이기 위해 국내외적으로 유기적 협조가 필요하다"고 지적했다.

인터넷 세상에서 타인의 사생활과 자유, 권리를 침해하지 않아야 한다는 점도 주요 강령으로 채택됐다. 전응휘 이사장은 "익명성은 책임을 기반으로 보장되어야 하지만 사이버보안과 아동포르노그래피, 저작권 위반 등의 권리 침해에 대해서는 국제적인 협력과 규율을 위한 노력이 필요하다"고 지적했다. 이기주 원장도 "개인의 자유와 사생활을 보호하면서 사이버보안을 강화하기 위해 전 세계가 국경을 초월해 노력해야 한다"고 강조했다.

인터넷의 생태계를 파괴하는 정보유통 규제를 최소화해야 한다는 목소리도 많았다. 이영음 교수는 "표현의 자유는 인터넷 세상에서 꼭 지켜져야 할 소중한 가치"라고 강조했다.

인터넷은 전 세계 수억만 개의 컴퓨터를 통해 서로 연결된 네트워크의 모임이다. 이는 모든 이용자가 자유롭고 개방적으로 공정하게 사용할 수 있어야 하며 이를 통해 소통과 나눔의 가치를 전 세계에 확산시켜야 한다.

인터넷의 성장은 글로벌 경제 성장으로 이어졌다. 더 많은 국가들이 인터넷의 활용도를 높일수록 빈곤 해소, 지속 가능한 발전, 교류와 이해, 연대의 확장 등으로 이어질 것이다.

인터넷 거버넌스는 인터넷 이용과 진화에 영향을 미쳐왔고 공감대를 이뤄온 원칙이나 규범, 규칙, 의사결정절차 및 프로그램을 각국 정부와 민간부문, 시민사회가 자신들이 수행해온 역할 속에서 함께 발전시키고 적용해 나가는 것을 말한다.

인터넷의 사회적 기여를 높이기 위해서는 개방성과 투명성이 최대한 존중되어야 한다. 감시걱정이 없는 개방적이고 중립적인 인터넷을 만들지 못하면 투명한 정보는 물론 민주주의와 네트워크 사회의 기반이 무너지게 된다.

디지털 격차가 심화되지 않도록 국내외적으로 지속적이고 체계적인 노력을 하여야 한다. 인터넷을 통한 정보의 취득과 활용이 연령별,

경제적 계층 간, 지역적, 문화적 갈등 등을 심화시키지 않도록 국내외적으로 유기적 협조를 통한 노력을 지속적으로 하여야 한다.

인터넷 세상에서 타인의 사생활과 자유, 권리를 침해하지 않아야 한다. 인터넷상에서 인신공격과 사생활 침해는 금지되어야 하고 악의적인 허위사실을 유포하는 것은 자율적인 규제에 의해 해결되어야 한다. 익명성은 책임을 기반으로 보장되어야 하고 사이버보안과 아동포르노그래피, 저작권 위반 등의 권리 침해에 대해서는 국제적인 협력과 규율을 위한 노력이 필요하다.

사이버 보안 강화를 위해 세계가 국경을 초월하여 노력해야 한다. 개인의 자유와 사생활을 보호하면서 사이버보안을 강화하는 노력이 필요하다. 이를 위해 정보공유, 역량강화, 신뢰형성을 위한 국가와 관련 기관, 민간기업, 시민사회 간의 협력을 강화해야 한다. 사이버 범죄 대응 기술지원과 역량강화를 위한 글로벌 파트너십도 필요하다.

인터넷 생태계를 파괴하는 정보유통 규제를 최소화해야 한다. 인터넷은 글로벌 경제를 보다 풍요롭게 만들고 경제 격차를 줄일 수 있는 훌륭한 도구다. 표현의 자유와 공유, 개방을 보장하고 강화하면서 규제를 최소화하는 노력이 중요하다.

차별 없는 정보와 서비스를 위한 망 중립성이 확보되어야 한다. 인터넷 망을 이용해 전달되는 인터넷 트래픽에 대해 데이터의 내용이나 유형을 따지지 않고 이를 생성하거나 소비하는 주체에게 차별 없이 동일하게 취급하는 망 중립성이 유지되어야 한다.

2014년 3월 20일

방석호 홍익대 법과대학장

이기주 한국인터넷진흥원 원장

이영음 방송통신대 교수

장대환 매경미디어그룹 회장

전길남 KAIST 명예교수

전응휘 오픈넷 이사장

(가나다순)

참고 문헌

- 〈개방형 IoT 플랫폼 기술 동향〉(2012.11), 강민수, 한국산업기술평가관리원
- 〈플랫폼 경쟁 이어 모바일 AP 경쟁 치열해지고 있다〉(2013.3), 전승우, LG경제연구원
- 〈모든 것을 연결하는 사물 인터넷의 모든 것〉, KT경제경영연구소
- 〈글로벌 자동차 사업자, 스마트카 경쟁 본격 시동〉, 이선미, 김승윤, 김정훈, 이은영, KT경제경영연구소
- 〈무인자동차 기술 및 개발 동향〉, 전황수, 정보통신산업진흥원
- 〈2014 웨어러블 디바이스 산업백서〉(2014.1), 심수민, KT경제경영연구소
- 〈창조적 가치연결, 초연결사회 도래〉, 한국정보화진흥원
- 〈개인정보보호법제 개선방안 연구보고서〉(2013.11), 프라이버시 정책연구포럼
- 〈2013 국가정보화백서〉(2014), 한국정보화진흥원
- 《훤히 보이는 ICT 표준기술》(2013.12), 손승원 외 6명, 전자신문사
- 《디지털 행성과 창조도시 전략》(2013.12), 하원규·최해옥, 전자신문사
- 《슈퍼 아이티 코리아 2020》(2009.9), 하원규·최문기, 전자신문사
- 《대한민국 IT인사이드》(2013.4), 조신, 중앙books
- 《미래를 생각한다》(2012.6), 임춘택·이광형·정재승 외, 비즈니스맵
- 《유비쿼터스 IT혁명과 제3공간》(2005.7), 하원규·김동환·최남희, 전자신문사
- 《IMD World Competitiveness Yearbook 2013》(2013.6), IMD
- 《슈퍼 아이티 코리아 2030 : 만물지능혁명국가》(2011), 하원규 황성현, 전자신문사
- 《모든 것이 연결되는 새로운 창조사회》(2014.1), 한국정보화진흥원
- A message from Gary Silberg and Richard Wallace
- 《Key Technologies for the Internet of Things》(2012.11), Nick Jones, Gartner
- 《Market Trends: Overcoming Machine-to-Machine Challenges to Realize the Market Potential》(2012.9), King-Yew Foong, Gyanee Dewnarain, Kamlesh Bhatia, Gartner

- 《Hype Cycle for the Internet of Things》(2012.7), Hung LeHong, Gartner
- 《The Internet of Things in the Context of Manufacturing》, SAP RESEARCH
- 《IoT@Work: Internet of Things for Manufacturing》(2013.6), Dr.Amine M. Houyou, IoT@Work
- 《There Is No Internet Of Things – Yet》(2013.7), Sarah Rotman Epps, FORRESTER
- 《Smart Products Will Require A Hybrid CTO/CIO Skill Set》(2012.11), John C. McCarthy, FORRESTER
- 《Services For The Digital Self》(2013.9), Frank E. Gillett, FORRESTER
- 《Pioneer Vendors: Reinventing Human-Computer Interaction》(2013.7), Michael Yamnitsky and Sophia I. Vargas, FORRESTER
- 《Future Media Internet, Research Challenges and the Road Ahead》(2010), European Commission
- 《Self-driving cars: The next revolution》(2012), KPMG

모든 것이 연결되는 세상

사물인터넷

초판 1쇄 2014년 5월 10일

지은이 매일경제 IoT 혁명 프로젝트팀
펴낸이 성철환 **편집총괄** 고원상 **담당PD** 권병규 **펴낸곳** 매경출판㈜
등 록 2003년 4월 24일(No. 2-3759)
주 소 우)100-728 서울특별시 중구 퇴계로 190 (필동 1가) 매경미디어센터 9층
홈페이지 www.mkbook.co.kr
전 화 02)2000-2610(기획편집) 02)2000-2636(마케팅)
팩 스 02)2000-2609 **이메일** publish@mk.co.kr
인쇄·제본 ㈜M-print 031)8071-0961

ISBN 979-11-5542-117-8

값 15,000원